# Consciência quântica

Uma nova visão sobre o amor,
a morte e o sentido da vida

# AMIT GOSWAMI

# Consciência quântica

TRADUÇÃO:
MARCELLO BORGES

2ª EDIÇÃO

goya

# CONSCIÊNCIA QUÂNTICA

**TÍTULO ORIGINAL:**
The Everything Answer Book

**PREPARAÇÃO DE TEXTO:**
Opus Editorial

**REVISÃO TÉCNICA:**
Adriano Fromer Piazzi

**REVISÃO:**
Hebe Ester Lucas
Entrelinhas Editorial

**DIREÇÃO EXECUTIVA:**
Betty Fromer

**DIREÇÃO EDITORIAL:**
Adriano Fromer Piazzi

**DIREÇÃO DE CONTEÚDO:**
Luciana Fracchetta

**EDITORIAL:**
Daniel Lameira
Andréa Bergamaschi
Débora Dutra Vieira
Luiza Araujo

**CAPA:**
Giovanna Cianelli
Gabriel Rolim

**PROJETO GRÁFICO:**
Neide Siqueira

**DIAGRAMAÇÃO:**
Desenho Editorial

**COMUNICAÇÃO:**
Nathália Bergocce
Júlia Forbes

**COMERCIAL:**
Giovani das Graças
Lidiana Pessoa
Roberta Saraiva
Gustavo Mendonça

**FINANCEIRO:**
Roberta Martins
Sandro Hannes

COPYRIGHT © AMIT GOSWAMI, 2016
COPYRIGHT © EDITORA ALEPH, 2018
(EDIÇÃO EM LÍNGUA PORTUGUESA PARA O BRASIL)

TODOS OS DIREITOS RESERVADOS.
PROIBIDA A REPRODUÇÃO, NO TODO OU EM PARTE, ATRAVÉS DE QUAISQUER MEIOS.

**goya**
É UM SELO DA EDITORA ALEPH LTDA

Rua Tabapuã, 81 - cj. 134
04533-010 – São Paulo – SP – Brasil
Tel.: (55 11) 3743-3202
www.editoraaleph.com.br

**DADOS INTERNACIONAIS DE CATALOGAÇÃO NA PUBLICAÇÃO (CIP) DE ACORDO COM ISBD**

G682c    Goswami, Amit
Consciência quântica: uma nova visão sobre o amor, a morte e o sentido da vida / Amit Goswami ; traduzido por Marcello Borges. - 2. ed. - São Paulo : Goya, 2021. 248 p. ; 16cm x 23cm.

Tradução de: The everything answer book: how quantum science explains love, death and the meaning of life
ISBN: 978-65-86064-76-6

1. Física quântica. I. Borges, Marcello. II. Título.
2021-1675                                 CDD 530.145
                                                     CDU 539

ELABORADO POR ODILIO HILARIO MOREIRA JUNIOR - CRB-8/9949

**ÍNDICES PARA CATÁLOGO SISTEMÁTICO:**
1. Física quântica 530.145
2. Física quântica 539

Dedico este livro aos ativistas quânticos do mundo – no passado, presente e futuro. Nós vamos transcender.

# sumário

Agradecimentos .................................................................09
Introdução .........................................................................11

1. Um choque entre duas visões de mundo ................19
2. Consciência e a ciência da experiência ...................33
3. A física do sutil ...............................................................53
4. Zen e física quântica ....................................................71
5. Pensamento, sentimento e intuição .........................83
6. O mundo dos arquétipos ............................................93
7. O ego e o *self* quântico ..............................................107
8. Livre-arbítrio e criatividade .......................................113
9. Involução e evolução ..................................................129
10. Um conto sobre dois domínios ..............................139
11. O princípio criativo ...................................................153
12. Reencarnação quântica ...........................................163
13. O significado e o propósito da vida ......................181

14. O significado dos sonhos ...............................................195
15. Iluminação ...................................................................203
16. Profissões espirituais; sociedade espiritual ................213

Glossário ............................................................................233
Leituras complementares...................................................243

# agradecimentos

Agradeço à Voice por ter me convidado para ir a Tóquio e a Masumi Hori pelos diálogos que mantivemos. Agradeço a Tatiana Hill pela transcrição das gravações dessas entrevistas. Agradeço a Eva Herr pela entrevista que fiz com ela e com vários outros jornalistas, cujos nomes não recordo, por suas contribuições. Agradeço a Judith Greentree por ter lido minuciosamente o manuscrito e por alguns comentários bem-humorados que incorporei ao livro. Agradeço de coração a Sara Sgarlat, Mimi Hill e Terry Way por suas contribuições. Agradeço à equipe editorial da Hampton Roads pelo maravilhoso trabalho de produção. Agradeço a todos vocês.

# introdução

Passaram-se quase cem anos desde a formulação matemática completa da física quântica. Ela foi apurada por milhares de experimentos e seus conceitos foram aplicados com êxito em muitas tecnologias. Com efeito, começamos a usar a palavra "quântico" em nosso dia a dia, no geral sem compreendermos plenamente o seu sentido mais profundo. Ainda assim, apesar de sua efetiva integração em nossa sociedade, a visão de mundo quântica ainda não foi aceita totalmente pela comunidade científica, que continua a abraçar e a defender a arcaica visão de mundo newtoniana. Por isso, as implicações plenas da visão de mundo quântica ainda não penetraram a mente do público. A boa notícia é que na década de 1990, graças ao esforço de um grupo vanguardista de cientistas renegados, dentre os quais me incluo, a visão de mundo quântica começou a amadurecer e a estruturar um novo e abrangente paradigma científico. Um movimento de base conhecido como "ativismo quântico" passou a remover o jugo da física newtoniana sobre o *establishment* científico apelando diretamente às pessoas. Este livro faz parte desse movimento e é a mais recente e acessível explicação da visão de mundo quântica.

Uma parte do estrago é fruto das circunstâncias. O paradigma newtoniano predominante sempre esteve repleto de paradoxos. Conhecida oficialmente como materialismo científico, essa visão de mundo propunha que tudo existe como mero fenômeno da matéria — movimento material no espaço e no tempo, causado por interações materiais. Os paradoxos implícitos nessa visão nunca foram resolvidos. Só nas décadas de 1980 e 1990 é que o materialismo científico foi submetido a um escrutínio sério por parte da comunidade científica, motivado por novos dados experimentais. Anteriormente, a visão de mundo do materialismo científico esteve muito apoiada na mudança da física, que se afastou de uma abordagem europeia de viés filosófico e se aproximou da visão norte-americana, mais pragmática, que se instalou após a Segunda Guerra Mundial. Antes da década de 1950, o materialismo científico achava-se firmemente entrincheirado em duas únicas disciplinas: a física e a química — era a ciência dos objetos inanimados. Depois dos anos 1950, ele começou a dominar também a biologia (que se tornou química), a área da saúde (que se tornou quase "mecânica") e finalmente a psicologia (que se tornou neurociência cognitiva).

A outra parte do estrago foi o entusiasmo inadvertido de cientistas bem-intencionados que encerraram, o mais rápido possível, as discussões em torno do significado da física quântica. Assim, chegou-se a um consenso, que ganhou o apelido famoso (eu diria infame) de Interpretação de Copenhague. Essa interpretação foi desenvolvida pelo famoso e cordial Niels Bohr, venerado por todos os cientistas (entre os quais me incluo).

O elemento central da Interpretação de Copenhague chama-se "princípio da complementaridade", que, em sua forma popular, está simplesmente errado, seja na esfera teórica, seja na experimental. A matemática quântica é categórica em afirmar que objetos quânticos são ondas. Claramente, porém, os experimentos indicam que eles também são partículas. Como o mesmo objeto pode ser tanto onda — algo que se espalha — quanto partícula — algo que percorre uma trajetória definida? A forma popular do princípio da complementaridade resolve o paradoxo onda-partícula alegando que os objetos quânticos são *tanto ondas como partículas*. O aspecto de onda revela-se em experimentos de mensuração de ondas; o aspecto de partícula revela-se em experimentos de mensuração de partículas. Mas ambos nunca aparecem no mesmo experimento, sendo, portanto, chamados de complementares.

Entretanto, a resposta correta para o paradoxo da dualidade onda-partícula, em termos teóricos e experimentais, é esta: os objetos quânticos são ondas de possibilidade que residem num domínio da realidade situado além do espaço e do tempo, chamado domínio da potencialidade. Sempre que medimos esses objetos, eles se revelam como partículas no espaço e no tempo. Assim, tanto o aspecto de onda quanto o de partícula de um objeto *podem*, de fato, ser detectados em um único experimento. Infelizmente, a versão do princípio da complementaridade que se popularizou, criando a impressão de que *tanto* o aspecto de onda *quanto* o de partícula de um objeto existem no espaço e no tempo, induziu em erro uma ou duas gerações de físicos, levando-os a fechar a mente para os elementos realmente radicais da física quântica. Com efeito, a física quântica afirma uma realidade em dois níveis, não a realidade de um único espaço-tempo da física newtoniana e do materialismo científico. De mais a mais, a física quântica não pode se desvencilhar dos paradoxos sem invocar explicitamente a consciência.

Naturalmente, foi o papel da consciência que manteve vivo o paradoxo – não nos meios dominantes, mas numa espécie de *underground*. Na década de 1980, um experimento realizado por Alain Aspect e seus colaboradores resolveu a questão de um domínio dual *versus* um domínio único da realidade, discernindo o domínio da potencialidade do domínio do espaço e do tempo. No primeiro, não é necessário um sinal para haver comunicação; tudo está interligado instantaneamente.

No segundo, ao contrário, são sinais – movendo-se a uma velocidade que nunca ultrapassa a velocidade da luz – que medeiam a comunicação, que sempre ocorre num tempo finito.

O que significa dizer que o domínio da potencialidade está interligado instantaneamente? Apenas isto: tudo, no domínio da potencialidade, é uma entidade. Em um trabalho científico publicado em 1989, e depois em 1993 no livro *O universo autoconsciente*, cheguei a uma proposição que resolve o paradoxo: o domínio da potencialidade é a *nossa consciência*, não na forma da consciência-ego ordinária, mas como uma consciência superior, na qual somos todos um. Na percepção-consciente ou *awareness*\* manifestada, tornamo-nos separados, em parte, pela necessidade de distinção de outros objetos (a distinção sujeito-objeto), e, em parte, devido a nosso condicionamento individual. Também propus que essa consciência Una superior é demonstrada pela *causação descendente* – a capacidade de escolher dentre as diversas facetas de uma onda de possibilidade. A escolha consciente é que transforma *ondas* de possibilidade em *partículas* da experiência manifestada.

O filósofo e cientista Willis Harman, então presidente do Instituto de Ciências Noéticas [Institute of Noetic Sciences – IONS], apoiou bastante meu trabalho. Convidou-me a escrever uma monografia sobre minha pesquisa. Em pouco tempo, a nova pesquisa criou uma nova ciência – a "ciência dentro da

---

\* No original, *awareness*. Não há uma tradução exata em português. O termo é comumente traduzido como "consciência", "percepção" ou "atenção". Em muitas publicações, *awareness* é mantido em inglês, pois tem um sentido mais amplo que o de "consciência": refere-se a um "estado de alerta" que compreende, inclusive, a consciência da própria consciência. É também um conceito-chave da Gestalt-terapia. Segundo Clarkson e Mackewn, *awareness* é "a habilidade de o indivíduo estar em contato com a totalidade de seu campo perceptual. É a capacidade de estar em contato com sua própria existência, dando-se conta do que acontece ao seu redor e dentro de si mesmo; é conectar-se com o meio, com outras pessoas e consigo próprio; é saber o que está sentindo, significando ou pensando, saber como está reagindo neste exato momento. *Awareness* não é apenas um exercício mental: envolve todas as experiências, sejam elas físicas, mentais, sensórias ou emocionais. É a totalidade de um processo que empenha o organismo total" (*Fritz Perls*. Londres: Sage, 1993, p. 44-45). Apesar de as palavras "percepção" e "consciência" não abarcarem, isoladamente, a essência do termo inglês, neste livro optou-se por traduzir *awareness* pela palavra composta "percepção-consciente", no intuito de aproximá-la de seu sentido pleno, deixar bem marcadas todas as ocorrências no texto e facilitar a compreensão do leitor de língua portuguesa. [N. de E.]

consciência", uma expressão que, graças a Harman, descobri já estar em voga na época. A monografia com esse mesmo nome foi publicada pelo IONS em 1994.

O progresso nesse campo foi rápido, sempre acompanhado por estranhas coincidências de sincronicidade junguiana. Primeiro, uma senhora de idade me telefonou durante um programa de rádio ao vivo e me fez a seguinte pergunta: O que acontece quando morremos? Eu não sabia como responder sem recorrer a clichês culturais, e por isso fiquei quieto. Posteriormente, um teosofista – alguém que acredita em reencarnação – fez um curso comigo por causa do meu livro, mas sempre acabava falando em reencarnação. Não muito depois, tive um sonho no qual acordei lembrando-me desta recomendação: o *Livro tibetano dos mortos* está correto; cabe a você provar isso. Finalmente, uma aluna de pós-graduação em filosofia me procurou e me pediu para ajudá-la em seu luto, para superar o impacto da morte de seu namorado. Enquanto conversava com ela e tentava teorizar sobre o que sobrevive à morte física, comecei a enxergar a possibilidade de uma ciência de *todas* as nossas experiências – sensação material, sentimento vital (energia), pensamento mental (significado) e intuição supramental (arquétipos como amor e verdade). A partir disso, desenvolvi uma teoria sobre a vida após a morte e a reencarnação. Pouco depois, recebi um telefonema do escritor e editor Frank de Marco, pedindo-me para escrever um livro sobre minha pesquisa mais recente. Ele foi publicado em 2001 com o título *A física da alma*.

A biofísica Beverly Rubik me procurou em 1998, pedindo-me para contribuir com um artigo sobre minha pesquisa para uma antologia que ela estava compilando. Em 1999, uni-me a um grupo de trinta pensadores do novo paradigma numa conferência com o Dalai Lama em Dharamsala, na Índia. A certa altura, o encontro ficou turbulento. Primeiro, o físico Fred Alan Wolf e eu travamos uma batalha verbal a respeito da abordagem correta para o novo paradigma. Outros entraram na discussão e os organizadores foram se queixar com o Dalai Lama. Ele apenas riu e disse: "Cientistas sempre serão cientistas". Depois que a paz se restabeleceu, o Dalai Lama nos pediu para aplicar nosso novo paradigma a questões sociais. Isso chamou minha atenção. Quando voltei aos Estados Unidos, escrevi o artigo que Beverly Rubik havia pedido, aplicando a física quântica à saúde e à cura. Nele, desenvolvi uma teoria daquilo que Deepak Chopra chamou de "cura quântica" – cura espontânea, sem intervenção médica.

Mais ou menos nessa época, visitei o Brasil, onde um jovem me perguntou se eu conhecia Deepak Chopra. Quando disse que não, ele respondeu: "Posso corrigir isso". Pouco depois, recebi um convite para visitar Deepak em San Diego. Ele acabara de publicar seu livro *Saúde perfeita* (2000), que trata da ayurveda, um sistema alternativo de cura criado na Índia. Deu-me um exemplar e me pediu para lê-lo.

Em função disso, acabei por provar a validade científica de uma ideia que os doutores da medicina alternativa têm usado há milênios. Dado que somos mais do que nosso corpo físico, as doenças em nosso corpo "sutil" também podem ser responsáveis por doenças físicas, especialmente doenças crônicas. Com isso, a cura pode se dar não só mediante o tratamento dos sintomas físicos, mas também pela cura da doença em sua origem mais sutil.

Os praticantes das ciências de cura, física e mental, lidam com seres humanos de verdade. Por isso, nem sempre aprovam com entusiasmo o modelo alopático da medicina – o modelo mais "mecânico" que se desenvolveu a partir do materialismo científico. Quando escrevi *O médico quântico* (2004), que fala da integração entre medicina "mecânica" convencional e medicinas alternativas mais humanas, a visão de mundo quântica começava a ganhar força entre praticantes de medicina alternativa e até mesmo entre alguns alopatas de vanguarda. Deepak ficou tão entusiasmado com o livro que escreveu o prefácio de uma edição posterior.

A medicina baseia-se na biologia. Para afrouxar o jugo exercido pelo materialismo científico sobre a medicina, precisamos introduzir a consciência na biologia. Comecei a trabalhar nisso na década de 1990 e em 2008 propus uma teoria científica da evolução baseada na consciência, em meu livro *Evolução criativa*. Essa teoria explica as lacunas fósseis e a "flecha biológica do tempo", conceitos necessários para que a evolução passe da simplicidade para a complexidade – dois dados importantes que o darwinismo e suas ramificações não conseguem explicar. Em *Evolução criativa*, também integrei ideias de Sri Aurobindo e de Teilhard de Chardin sobre o futuro da humanidade a uma abordagem científica. Vali-me de ideias desenvolvidas por Rupert Sheldrake sobre campos morfogenéticos (espécie de matrizes para a criação de formas biológicas), reunindo tudo sob o guarda-chuva da ciência dentro da consciência.

O *establishment* científico, porém, tem sido muito resistente à influência da física quântica, embora – graças ao trabalho empírico sobre epigenética e a livros populares de biólogos como Bruce Lipton, Mae Wan Ho e outros – a biologia quântica esteja ganhando terreno pouco a pouco.

Em 2009, dispus-me a acelerar essa mudança de paradigma fundando um movimento chamado "ativismo quântico". Minha meta era popularizar a visão de mundo quântica reunindo um grupo de pessoas dedicadas a transformar a si mesmas e à sociedade por meio da prática de princípios quânticos. O movimento recebeu certa atenção não só nos Estados Unidos como no Brasil, na Europa, na Índia e no Japão, e até mesmo no Oriente Médio. Em 2014, fui ao Japão para ter longas conversas sobre visão de mundo quântica e ativismo quântico com um erudito filósofo e empresário japonês, Masumi Hori. Este livro baseia-se sobremaneira nessas conversas. A elas acrescentei outras entrevistas, principalmente uma que tive com a escritora Eva Herr.

O resultado foi uma espécie de introdução à física quântica para não cientistas. Contém elementos de todos os meus trabalhos anteriores e espero que inspire você, leitor, a ser um ativista quântico. Espero convencê-lo de que a pesquisa sobre a consciência e a compreensão da visão de mundo quântica constituem o futuro da ciência. São a base de um novo paradigma que pode nos levar às respostas para tudo.

*capítulo* 1

## um choque entre duas visões de mundo

Volta e meia as pessoas me perguntam: Se as coisas não são feitas de matéria, então do que tudo é feito? E eu respondo: Consciência, *tudo é feito de consciência*. Mas a consciência é um conceito confuso, nebuloso! E é aqui que a física quântica apresenta a resposta que estamos procurando. Pois, numa visão de mundo quântica, *tudo* é confuso – até a matéria. Tudo é possibilidade antes de fazer parte da nossa experiência.

Mas se isso é tão evidente, por que os cientistas discutem o assunto? Com efeito, eles ainda discutem todo tipo de coisa: A base de tudo é a matéria ou a consciência? O que significa sermos humanos? Deus existe? Apesar de essas questões serem importantes, em nosso mundo cotidiano o que mais importa são os valores. A maior falha da visão de mundo materialista é que ela denigre valores arquetípicos – amor, verdade, justiça, beleza, bondade, abundância – e os significados que extraímos desses valores. No entanto, para a maior parte da população mundial, valores como o amor ainda são importantes. A física quântica, por seu lado, traz consigo uma nova visão de mundo que pode devolver valor e significado à nossa vida, proporcionando respostas a perguntas como "quem somos" e "o que significa sermos humanos".

Certa vez, alguém me perguntou se eu via alguma semelhança entre a teoria quântica e a teoria do universo. Essa é, de fato, uma boa pergunta. A teoria quântica resultou da observação de objetos minúsculos do mundo material – o mundo submicroscópico. Por outro lado, a teoria do universo visa explicar um mundo em grande escala. Como ambas podem se relacionar? Na teoria quântica da consciência, os aspectos macroestruturais do universo físico perdem muito de seu interesse. A cosmologia moderna – graças, em boa parte, à ciência materialista – evitou lidar com o mundo interno da consciência, e por esse motivo ela parece não ter relação alguma com os problemas reais que nos ocupam o tempo todo. Mas os conceitos da cosmologia moderna são meras distrações, não muito diferentes da preocupação dos pensadores cristãos medievais em descobrir quantos anjos podiam dançar sobre a cabeça de um alfinete.

Acho interessante notar que os materialistas científicos costumam propor seus próprios deuses, tão excitantes. Todo o conhecimento exótico que temos hoje acerca do espaço exterior tornou-se um substituto moderno para os deuses das antigas religiões – desde os arquétipos de Platão até os anjos do cristianismo e os deuses hindus, mais humanos, como Shiva. Em seu lugar, hoje em dia, invocamos buracos negros e matéria escura na tentativa de substituir os arquétipos e deuses de eras anteriores. A ciência moderna simplesmente ignora a consciência e concentra-se numa ideia de universo que substitui arquétipos e valores por conceitos modernos como buracos negros e buracos brancos, ou matéria escura e energia escura.

Devemos reconhecer que a ciência deve sempre consistir em três componentes. Precisa basear-se numa teoria. Essa teoria precisa ser averiguável mediante dados experimentais. E essa teoria precisa ser útil. Precisa ser aplicável a assuntos humanos. Enquanto os estudos da consciência *estão* produzindo agora temas dignos de investigação tecnologicamente úteis e experimentalmente verificáveis, a ciência materialista moderna envolve-se mais e mais com objetos de investigação inúteis e não averiguáveis. Assim, temas que antes eram considerados mais esotéricos e menos científicos estão se tornando mais úteis e mais científicos. Ao mesmo tempo, aquilo que antes era ciência pragmática está se tornando mais abstrata e menos útil, assemelhando-se mais às antigas tradições espirituais. E as tradições espirituais estão se parecendo mais com a ciência.

## O que é consciência?

Os materialistas científicos tendem a tratar a consciência como um pressuposto linguístico. Temos sujeitos e predicados na língua, mas a ciência afirma que podemos viver sem os sujeitos. Como exemplo, citam a língua hopi, que não tem sujeitos nem predicados, apenas verbos, eliminando a necessidade da consciência, exceto como elemento linguístico. Sem sujeitos – sem a consciência – tudo é matéria e manifestação da interação material. Hoje, essa é a visão de mundo dominante entre os cientistas.

Se você pedir a um médico para definir consciência, é provável que ele diga, sem titubear, que é o oposto do coma. Uma jornalista me contou como reagiu a essa forma de declaração: "Eis-nos aqui, envolvidos com problemas enormes como aquecimento global, crise econômica e polarização política... tudo porque não conseguimos nos entender sobre o significado de uma palavra como consciência. E sequer estamos cientes de que não há entendimento".

Evidentemente, para muitos médicos, percepção-consciente (*awareness*) e consciência são sinônimos, mesmo cem anos depois de Freud. Os médicos raramente leem textos psicanalíticos, e, quando o fazem, rejeitam boa parte deles. Como a mente inconsciente pode ser validada se a consciência não está presente num paciente em coma? Mas a consciência nunca vai embora. Quando estamos inconscientes – em coma, por exemplo –, talvez não façamos ideia do que acontece à nossa volta; não vivenciamos o que está acontecendo conosco, como sujeitos olhando para objetos. Mas ainda temos consciência. O que Freud realmente quis dizer é que, apesar de haver uma diferença entre percepção-consciente e a falta desta, ambas são estados da consciência. No primeiro estamos cientes da divisão sujeito-objeto; temos uma experiência com dois polos: o sujeito (o experimentador) e o objeto (o experimentado). No estado inconsciente, porém, não temos percepção-consciente dessa divisão. Por meio da psicanálise podemos explorar como os processos mentais que ocorrem no inconsciente – dos quais não temos ciência – estão nos incomodando em nosso estado de percepção-consciente em vigília. Segundo Freud, deveríamos tentar identificar e compreender esses processos inconscientes a fim de funcionarmos bem em termos mentais.

A consciência é um aspecto fundamental de nossa natureza, mas de difícil definição – pelo menos, em termos imediatos. Podemos perceber alguns aspectos e atributos da consciência, mas isso é tudo o que podemos fazer. Como, em última análise, segundo a visão de mundo quântica, a consciência é a base de toda a existência, qualquer definição que possamos propor terá lacunas. A consciência é tudo o que existe. Portanto, qualquer definição que você tente lhe dar será falha porque a definição, em si, é um fenômeno da consciência, e não o contrário.

Agora, vamos voltar à questão fundamental com que começamos: Do que tudo é feito? Excetuando-se a psicanálise, existe alguma razão convincente para escolhermos entre consciência e matéria para responder a essa pergunta? Felizmente, hoje podemos refutar cientificamente a visão de mundo materialista. Em teoria, podemos fazê-lo demonstrando paradoxos: os "nós lógicos" do pensamento; na prática, podemos fazê-lo mediante dados anômalos. As sutilezas verbais tornaram-se desnecessárias.

A interação material tem certas propriedades. Uma delas é que todas as interações, todas as comunicações, dão-se por meio de conexões – sinais que percorrem o espaço e o tempo. Hoje, todavia, até estudantes de física podem observar comunicações sem sinal entre objetos quânticos submicroscópicos. E os trabalhos que alguns físicos quânticos estão fazendo provam, de modo conclusivo, que não podemos compreender a física quântica sem nela inserir a consciência causalmente potente – sem introduzir não só a consciência, mas a consciência não material com poder causal. Do contrário, teremos paradoxos.

O poder causal da consciência — a causação pela escolha consciente que da potencialidade se manifesta em experiência — parece-se muito com a antiga ideia cristã da *causação descendente* por Deus. Mas isso não é totalmente verdadeiro, embora seja tão próximo que faz soar sinetas de alarme nas mentes enclausuradas dos materialistas. O importante é que a nova visão da causação descendente não material envolve a comunicação não local, e não a comunicação por sinais. A comunicação local passa pela localidade para atingir lugares distantes, como quando nos comunicamos por meio de sons; o som é um sinal local. Quando nos comunicamos sem sinais, como na telepatia mental, temos algo *não local*.

Com o conceito da não localidade, temos uma consequência experimentalmente comprovável de uma metafísica baseada na consciência. Interações materiais comportam-se localmente e requerem sinais. Quando a consciência interage com o mundo, não requer sinais, apenas comunicação não local. É certo que esse tipo de comunicação parece subjetivo. Mas experimentos objetivos realizados desde 1982 têm mostrado que há, com efeito, interações não locais no mundo. Logo, o materialismo científico — baseado apenas em interações materiais — é descartado experimentalmente. Em seu lugar, podemos estabelecer, por meio de experimentos, a ideia de que existe um novo tipo de interação não material no mundo. Temos um novo tipo de causação: a capacidade causal da consciência.

## Comunicação sem sinal

Nos séculos mais recentes, a ciência materialista andou bastante ocupada decifrando os mistérios da matéria. E, com efeito, desenvolveu tecnologias necessárias para que nossa civilização sobrevivesse e prosseguisse. Essas tecnologias também tiveram desdobramentos ruins. Não podemos mais nos dar ao luxo de tolerar essas consequências negativas — nem precisamos fazê-lo. As mais profundas questões científicas da atualidade concentram-se nas macroestruturas da cosmologia, e são quase inúteis. Qual o uso prático do estudo de buracos negros? Não podemos verificá-los experimentalmente, e parece que sua pesquisa não tem sentido. Assim sendo, por que gastamos tanto tempo os estudando?

Por outro lado, temos problemas a granel no mundo: mudanças climáticas globais, terrorismo e violência, colapsos econômicos e cobiça corporativa, pessoas desempregadas ou presas a trabalhos sem sentido, políticos monopolizando o poder e desempoderando pessoas, polarização política, o custo astronômico dos planos de saúde convencionais, uma educação que reforça dogmas e ideologias sem estabelecer exemplos vivos dos valores que pregam. A solução para todos esses problemas exigirá uma mudança na postura mental do planeta, uma mudança em nossa consciência coletiva. Portanto, precisamos desenvolver uma abordagem diferente, afastando-nos do atual paradigma científico e adotando um paradigma que inclua a consciência, que tenha a capacidade de integrar o poder da consciência em nossa vida cotidiana.

Precisamos admitir que, quando convocado a explicar a consciência, o modelo de mundo materialista falha desde a base da explanação. Objetos, objetos materiais, só podem originar outros conglomerados de objetos materiais. Os objetos nunca podem produzir um sujeito – e isso é que é a consciência humana. Somos sujeitos olhando para objetos, olhando para o mundo, formulando opiniões sobre o mundo. Aqueles que dizem que essas opiniões provêm da dança de partículas elementares no nível básico estão simplesmente enganando a si mesmos. Estão ignorando a existência de significado e de valores. Estão negando que exista *eficácia causal no nível da consciência humana – no mais alto nível*. Sem valores não pode haver civilização. Portanto, toda a nossa civilização está em perigo se aceitamos a palavra dos cientistas materialistas quando afirmam que a matéria é a base de toda a existência. A física quântica, em contraste, sugere uma visão de mundo na qual a consciência, e não a matéria, é a base de toda a existência. Sugere um mundo no qual significado e valor podem ser reintroduzidos na ciência como aspectos da consciência além da matéria. Essa é a nova postura diante da ciência, uma postura necessária para a nossa sociedade.

Os cientistas convencionais adotaram uma posição muito interessante diante dessa crítica: a negligência benigna. Eles esperam desacreditar essa nova postura com seu silêncio, privando proponentes, como eu mesmo, de uma oportunidade para discutir a questão. Todavia, se a ciência convencional prefere ignorar o trabalho dos ativistas quânticos, vamos usar o tempo para desenvolver uma nova ciência sem as interrupções da controvérsia. Como resultado, dispomos de uma ótima teoria da consciência baseada na física quântica. Graças a pesquisadores experimentais, também temos muitos dados corroboradores.

O materialismo científico baseia-se num conceito chamado "dualismo" – a noção de que qualquer coisa que não seja material deve existir como objeto separado – como principal justificativa para negar o papel da consciência e de todas as outras experiências "internas". O dualismo suscita uma pergunta: Como objetos materiais e não materiais podem interagir? Pense nisso. Se matéria e não matéria nada têm em comum, ambas precisam de um mediador, de um sinal, para interagir; alguma coisa que as "conecte". Esse tem sido um osso duro de roer para os apoiadores dos seres não materiais. A resposta da física quântica é a comunicação sem sinal, a não localidade, no jargão técnico. No espaço e no tempo é impossível haver uma comunicação sem sinal; por isso, a comunicação deve se valer de outro domínio da realidade, situado fora do espaço e do tempo. Segundo a física quântica, trata-se do domínio da potencialidade. Se isso for verdade – e os experimentos dizem que é –, então todos os argumentos materialistas contra o dualismo se esvaem, devolvendo valor e significado à espiritualidade, à religião, às artes e às ciências humanas, até mesmo à própria consciência. E se o dualismo vai embora, os objetos não materiais podem se comunicar com objetos materiais e com outras variedades de objetos não materiais, porque não é preciso sinal para que se comuniquem dentro do domínio da potencialidade (também conhecido como consciência).

A física quântica força-nos a concluir que o domínio da potencialidade é, na verdade, a própria consciência. Ademais, mostra-nos que a comunicação entre aqueles que parecem ser dois objetos distintos, mente e matéria, é mediada pela consciência. Essa é a essência do paradigma quântico.

Às vezes, os materialistas procuram desacreditar a ideia de que a física quântica, a não localidade quântica, pode afetar fenômenos no nível macro de nossa experiência. Agora, porém, temos o apoio de muitos experimentos em diversos campos – física, biologia, psicologia e medicina – para sugerir que existe um domínio não local, mesmo no nível macro. Esses experimentos conferem apoio à alegação de que a comunicação sem sinal ocorre de fato, não só no mundo microscópico como também no mundo macro da matéria e da experiência humana. Como os alicerces de seus argumentos estão desaparecendo, os cientistas convencionais estão adotando cada vez mais o ponto de vista quântico. Apesar de muitos ainda não lidarem com os aspectos "estranhos" da física quântica (como a não localidade), aqueles que o fazem estão se tornando mais receptivos a discussões acadêmicas sobre a teoria.

O parapsicólogo Dean Radin apoia a visão de mundo quântica e realizou alguns experimentos interessantes usando um gerador de números aleatórios para dar suporte a essa nova perspectiva. O gerador de números aleatórios converte eventos aleatórios de desintegração radiativa em grupos aleatórios de zeros e uns com a ajuda de um computador. Radin levou esses geradores de números aleatórios até lugares onde havia pessoas meditando. Ele descobriu que, na presença desses meditadores, o comportamento dos geradores de números aleatórios ficava significativamente menos aleatório do que seria esperado em termos estatísticos. Radin sugeriu que o gerador de números aleatórios deveria se desviar ao máximo da aleatoriedade na presença de intenções coerentes. E ele comprovou essa ideia não só com pessoas num ambiente de meditação, mas com pessoas assistindo a uma partida do Super Bowl. Nessas situações, Radin descobriu que a intenção causava efetivamente um desvio da aleatoriedade.

Em situações nas quais as pessoas estavam distraídas, sem qualquer intenção específica, os geradores de números aleatórios comportavam-se normalmente. Por exemplo, numa sala de reuniões de executivos ou numa reunião de professores universitários, os geradores de números aleatórios produziam de fato conjuntos de zeros e uns. Numa sala de meditação, isso não acontecia. Isso confere suporte à nova visão da física quântica, segundo a qual a intenção consciente pode afetar resultados. Mostra a presença da escolha consciente, que, é óbvio – como disse Gregory Bateson há muito tempo –, é o oposto da aleatoriedade. Os antagonistas da visão de mundo quântica ainda precisam se entender com dados experimentais como esse.

## Polarização e integração

No mundo de hoje, não precisamos de polarização; precisamos de integração. Embora não fique tão evidente noutros lugares, nos Estados Unidos a polarização entre ciência e religião paralisou completamente o processo político. Como a polarização entre ciência e religião contaminou a política? É simples.

Por um lado, há pessoas que querem valores, que temem a possibilidade de o materialismo científico tomar conta da sociedade como um todo, deixando-a sem uma bússola moral. Elas preferem viver sem a ciência a viver sem seus valores. E há os materialistas, que justificam um estilo de vida hedonista com o materialismo científico e a filosofia existencial. Conservadores que antes representavam o caráter sólido e a integridade moral tomaram partido da arcaica visão de mundo do cristianismo fundamentalista e voltaram-se contra a ciência em vez de se mostrarem a favor dos valores. Por conta deles, corremos o risco de sermos levados a um lugar no tempo em que as elites religiosas e políticas ditavam a moralidade. Em paralelo, os liberais, antes criativos e de cabeça aberta, que apoiavam a ciência porque ela prometia nos libertar de todos os dogmas, passaram a confiar no materialismo científico, ele próprio um dogma, apoiando um tipo distinto de elitismo no qual conhecimento e informação são o poder. Pessoas que têm esse poder e o monopolizam são a nova elite.

Mas a ciência deveria ser livre de dogmas. Ciência é uma metodologia. Primeiro, você tem uma teoria; depois, você tem dados experimentais; depois, você aplica a teoria e os dados. Mas como podemos implementar essa metodologia se um dogma interfere no processo? De um lado, você tem a teoria da evolução, incompleta e divisiva: o darwinismo. De outro, você tem os criacionistas, fundamentalistas cristãos que usam ideias bíblicas arcaicas para se opor à ciência. Os dois lados estão envolvidos numa batalha dogmática que impede a ciência de seguir em frente. E há pessoas sofrendo por causa disso.

A ciência convencional tentou ridicularizar e suprimir os dados que dão suporte à não localidade em nossas experiências no mundo macro. Ela rotula esses fenômenos de "paranormais" e refuta a teoria da consciência com base quântica por meio de sofismas. Ativistas quânticos afirmam que é impossível compreender a física quântica sem introduzir a consciência no contexto. Mas os materialistas citam outras maneiras plausíveis de eliminar os paradoxos da física quântica. Eles tratam a teoria baseada na consciência como mais um item numa longa lista de soluções propostas. Nem se preocupam com o fato de que, sob exame mais atento, todas essas outras soluções aparentemente plausíveis não são comprováveis, enquanto a solução com base na consciência já satisfez o critério de comprobabilidade. O caráter científico como um todo está mudando sob a égide materialista, tornando-se "livre de fatos", que é como eu o trato jocosamente. Muitos cientistas famosos apresentaram teorias que nunca foram verificadas, e que provavelmente nunca serão.

Como podemos resolver a batalha dos dogmas? A solução é simples: física quântica e uma visão de mundo quântica. A física quântica está conosco há quase cem anos. Nós a exploramos e passamos um tempo imenso tentando compreender sua mensagem. Desde o início, ficou claro que a visão de mundo newtoniana, o materialismo científico, não se sustentaria diante das descobertas da física quântica. E, no entanto, ainda não conseguimos resolver o dilema. Depois da Segunda Guerra Mundial, quando o poder da ciência se deslocou da Europa, mais centrada na filosofia, para a América, pragmática e de mentalidade prática, a mensagem da física quântica perdeu-se em favor da filosofia do materialismo científico, aparentemente mais prática.

## Metafísica experimental

Eu era bem jovem e ainda me dedicava à física tradicional quando a física quântica voltou a se fazer notar num cenário cultural mais amplo. Lembro-me de certa empolgação, na década de 1970, quando foi lançado o livro *O tao da física* e o slogan "Nós criamos nossa própria realidade" entrou em cena. Na verdade, chegamos até a realizar ao menos uma conferência anual sobre as questões filosóficas da física quântica. Mas as questões filosóficas nunca foram resolvidas por falta de dados experimentais. Na década de 1980, surgiu a comprovação experimental da estranheza quântica, e voltamos com entusiasmo às questões filosóficas. Foi então que percebemos que alguns dos paradoxos mais profundos da visão de mundo quântica — algumas de suas "estranhezas" lógicas — nunca seriam resolvidos se abordados através das velhas lentes do materialismo científico.

A solução exigiria uma nova metafísica que também pudesse ser constatada experimentalmente. O filósofo Albert Shimony chamou esse novo avanço de "metafísica experimental". Na nova metafísica, a consciência é a base da existência. Esta é uma ideia metafísica, mas que pode ser submetida a testes experimentais. E o teste é bem simples. Se a matéria é a base da existência, não pode existir algo como a comunicação sem sinal — a não localidade. Por outro lado, se a consciência é a base de toda a existência, a comunicação sem sinal precisa ocorrer, mesmo no mundo macro de nossa experiência. Atualmente, temos provas abundantes disso.

Contudo, sejamos claros. Digo que o materialismo científico é um dogma devido às suas convicções de que a matéria é tudo. Segundo essa lógica, porém, a crença de que a consciência é tudo também não seria um dogma? Seria, não fosse por uma diferença importante: a visão de mundo quântica é inclusiva. Ela não exclui a possibilidade ou a eficácia do mundo material. Ela coloca tanto a consciência quanto a matéria — Deus e o mundo, se preferir — em pé de igualdade.

Por isso, temos de mudar a maneira de ver as coisas. A ciência moderna apresentou explicações científicas para algumas horrendas verdades "malignas" a nosso respeito, seres humanos: temos circuitos cerebrais instintivos emocionalmente negativos; sentimos ódio; somos violentos, competitivos, ciumentos, invejosos e irados porque foi assim que evoluímos. Essa é a negatividade que precisamos compensar; temos de construir circuitos cerebrais emocionalmente positivos. Todavia, de acordo com o materialismo científico, isso não é possível. O materialismo científico nega a existência de valores; nega a validade das experiências intuitivas que nos conduzem aos valores. Nega qualquer criatividade que nos permita formar circuitos cerebrais emocionalmente positivos.

Todavia, sabemos há milênios que a mudança em nós, em nosso futuro evolutivo, precisa nos tornar pessoas melhores, mais amáveis com nossos vizinhos, mais sensíveis à beleza e capazes de distribuir justiça. O movimento da consciência exige isso. São esses aspectos que temos de mudar para compensar nossas falhas evolutivas. Queremos fazer com que os arquétipos platônicos — os valores — manifestem-se em nós para incorporá-los aos nossos circuitos cerebrais. Essa meta pode parecer "não científica" e pode dar a impressão de tendência para o materialista científico; mas e daí? A nova ciência, como veremos, abre espaço para o propósito como forma de provocar mudanças.

Naturalmente, onde há uma meta, há um meio de atingi-la! Tudo que precisamos fazer é seguir a intuição com criatividade. Graças à visão de mundo quântica, sabemos que a criatividade é possível e que ela vai nos ajudar. Pela primeira vez na história da humanidade, temos um propósito claro que não visa negar o mundo: a evolução do próprio mundo rumo à positividade. A maioria das tradições espirituais tende a pensar no mundo material como uma ilusão. Isso não se aplica à visão de mundo quântica, que nos permite manter os elementos positivos das tradições espirituais, mas deixa completamente para trás os aspectos que negam o mundo. O mundo é legítimo; o mundo tem ordem; ele é importante.

Logo, a visão de mundo quântica permite que integremos o melhor do materialismo científico – a importância do mundo – com o melhor das tradições espirituais – a importância da totalidade. Nesse paradigma, podemos unir nossa confiança na ciência, por conta da tecnologia, e nossa confiança nas tradições espirituais, por causa do significado, dos valores e das energias do amor. Esta é a meta do ativismo quântico que satisfaz a alma: mudar a nós mesmos e a sociedade segundo princípios quânticos. Mudando a nós mesmos, chegamos ao crescimento pessoal, à satisfação e ao significado; revolucionando nossos sistemas sociais (política, economia, saúde e cura, educação, religião e ecologia), todos atualmente em crise, salvamos a civilização. Assim, a visão de mundo quântica e o ativismo quântico podem, literalmente, ajudar a nos salvar de nós mesmos.

*capítulo 2*

# consciência e a ciência da experiência

Introduzi o movimento do ativismo quântico porque o *establishment* científico e a mídia estão mantendo em segredo os aspectos mais recentes da mudança de paradigma da ciência quântica. O ativismo é necessário para que todos saibam que não precisamos mais nos manter polarizados entre ciência e religião, que a integração entre essas visões do mundo já foi realizada. Também quis demonstrar a eficácia causal da nova visão integradora do mundo para transformar a sociedade. Você pode conhecer a história completa do ativismo quântico em *O ativista quântico*, um documentário sobre minha obra realizado em 2009.

Os ativistas quânticos tentam transformar tanto a si mesmos quanto à sociedade apoiados na visão de mundo quântica, um processo que descrevo no meu livro *O ativista quântico* (2011). Na visão de mundo newtoniana, você é uma máquina predeterminada – ainda que requintada, claro. Ao longo da evolução darwiniana, você se equipou com muitos programas sofisticados que o fazem parecer consciente e livre para escolher seu destino. Em última análise, porém, são o acaso e a necessidade de sobrevivência que determinam seu comportamento.

Nessa visão de mundo, idealizar um destino espiritualmente transformado para a humanidade seria ofensivo.

Por outro lado, a física quântica o provê do verdadeiro poder causal: a *causação descendente*, o poder de escolher. Na física newtoniana, os objetos são "coisas" predeterminadas, feitas de matéria, cujos movimentos são definidos por interações materiais entre os objetos do nível básico, chamados partículas elementares. Esse é, portanto, um mundo de *causação ascendente*, no qual causas materiais ascendem desde partículas elementares até a matéria cada vez mais complexa. Na física quântica, porém, os objetos não são coisas predeterminadas. São possibilidades quânticas a partir das quais a consciência pode fazer escolhas. Esse mundo de opções conscientes é um mundo de causação descendente. Num mundo quântico, você *pode* escolher a sua realidade, o seu destino espiritual.

Digamos que você esteja com fome e queira um sanduíche de queijo quente. Você pode enunciar em voz alta ou pensar nessa intenção até ficar roxo, mas nada vai acontecer. Claro que não. Você precisa começar com uma possibilidade. Tem algum sanduíche de queijo quente na sua frente? Digamos que sim. Bem, a física quântica diz que quando você não está olhando para esse sanduíche, ele se torna a possibilidade de um sanduíche de queijo quente. E assim que você volta os olhos para ele, o sanduíche se manifesta e você pode comê-lo.

Mas não há um sem-número de sanduíches de queijo quente em sua cidade? Por que você não consegue manifestar um deles apenas escolhendo-o, pensando nele? É aqui que entra a questão da probabilidade. Devido à baixa probabilidade, você teria de esperar muito tempo até conseguir seu sanduíche caso ficasse simplesmente pensando nele, desejando-o.

De fato, há muitos aspectos sutis no segredo da criação da realidade. Quando comecei a pesquisar a consciência, na década de 1970, eu era ingênuo com relação a essas sutilezas. Porém, o que fez diferença para mim é que sou físico quântico. Depois que compreendi as sutilezas da física quântica, usei-as para aprender mais a meu respeito e para mudar a mim mesmo. Isso fez toda a diferença. Espero que, ao explorar o meu trabalho, você comece a compreender as sutilezas da física quântica e da consciência, usando-as para mudar sua maneira de ser e o mundo em que você vive.

Atualmente, enfrentamos uma crise em nossa vida pessoal. Estamos confusos quanto ao significado e ao propósito da vida; sentimo-nos perdidos na busca pelo amor; tornamo-nos viciados em informação e abrimos mão da verdadeira satisfação. Além disso, estamos diante de uma crise na sociedade: a polarização entre religião e ciência está bloqueando o progresso político em muitos países. Precisamos resolver essa crise. O paradigma científico vigente não está funcionando. Mas já dispomos de um paradigma alternativo que reconhece o papel da consciência na ciência. Se permitirmos que esse paradigma substitua o paradigma fracassado, ele pode integrar as visões díspares da religião e da ciência, restaurando o significado e o valor em nossa vida. Temos de passar a viver esse novo paradigma. Precisamos do ativismo quântico.

O ativismo quântico nos desperta para a realidade da primazia da consciência. O novo movimento é uma saída para as crises que criamos – a crise de confiança em nossa ciência e em nossas visões de mundo, e a crise na maneira como nós nos vemos. O movimento ativista quântico está presente em cinco continentes e está ganhando força todos os dias.

Nas décadas de 1970 e 1980, descobri que os paradoxos quânticos não poderiam ser solucionados sem a introdução da consciência na equação. Foi então que me envolvi na pesquisa sobre a consciência. Antes disso, confesso, eu era totalmente materialista. Acreditava que tudo se resumia a átomos e partículas elementares. Achava que não existia nada além da matéria, que a consciência era um fenômeno físico do cérebro e que a espiritualidade não passava de bobagem. Se você tentar analisar a física quântica sob esse ponto de vista, vai cair de cara no chão — acabará criando paradoxos que simplesmente não podem ser resolvidos.

Depois de me preocupar com esses paradoxos durante alguns anos, tive um *insight* repentino enquanto conversava com um místico — um *insight* que transformou completamente meu modo de pensar. Ocorreu-me que, se a consciência é a base da existência, e não a matéria, todos os paradoxos da física quântica podem ser resolvidos. Além disso, percebi que não há nada de contraditório em se construir uma ciência com base nessa nova metafísica. Para mim, essa foi a revelação mais iluminadora.

Até aquele momento, eu presumia, assim como muitas outras pessoas, que simplesmente não é possível "fazer" ciência sem a suposição materialista da objetividade total. Mas, e se isso não fosse verdade? E se, até agora, estivéssemos apresentando explicações científicas para somente metade de nossa realidade, ignorando a outra metade, subjetiva, em razão de adotarmos o dogma materialista? E se abandonássemos o dogma materialista em prol de uma metafísica da primazia da consciência? Então, essa outra metade negligenciada da realidade — nossas experiências subjetivas, nossa consciência, o amor, a espiritualidade, Deus, o significado, os sentimentos, a vida, a morte e até a mitologia — estaria incluída no âmbito da ciência. Além disso, muitas das controvérsias em vários campos científicos seriam resolvidas. Foi isso que me levou à visão de mundo quântica.

## O que é um quantum?

Agora, vamos voltar à pergunta mais básica: *O que é um quantum?* Quantum é uma quantidade discreta usada pela primeira vez com essa conotação pelo físico Max Planck para denotar a ideia de que a troca de energia entre corpos só pode ocorrer em termos de quanta discretos — um quantum, dois quanta etc. —, mas nunca de meio quantum. Você pode pensar numa partícula elementar como um quantum irredutível de matéria. Um fóton é um quantum de luz. Mas você nunca verá meio fóton.

A palavra "quântico" encerra muito poder. Segundo a teoria do físico Niels Bohr, quando um elétron salta de uma órbita atômica para outra, ele não passa pelo espaço entre elas. Seu movimento é descontínuo. Bohr denominou esse fenômeno "salto quântico", uma expressão que tem sido associada desde então a movimentos descontínuos, em contraponto aos contínuos.

Mas há muito mais num quantum do que isso. Evidentemente, o fato de a luz consistir de quanta — fótons — é apoiado por dados experimentais. Mas essa é apenas metade da natureza da luz. A luz também é uma onda; e isso também é apoiado por dados experimentais. A dificuldade está nas diferenças entre partículas e ondas. Partículas são objetos localizados, movem-se em trajetórias e só podem estar num lugar de cada vez. Ondas, por seu lado, estão sempre se dispersando, espalhando-se, exibindo sua capacidade de estar em mais de um lugar ao mesmo tempo. Então, o mesmo objeto pode ser tanto partícula como onda? Logicamente, não. E aqui está um paradoxo que também se aplica a partículas elementares, como os elétrons: todos eles são ondas e partículas.

A nova versão do princípio da complementaridade que discutimos anteriormente nos permite pensar sobre isso sem incorrer em paradoxos: primeiro as ondas são ondas num domínio situado fora do espaço e do tempo; quando as medimos, elas aparecem como partículas no espaço e no tempo. Veja só! Fundamentalmente, os objetos quânticos são ondas de possibilidade, e o domínio que habitam é chamado domínio da potencialidade.

Hoje, quando muitos cientistas analisam a natureza — o mundo material —, pensam no espaço e no tempo. Qualquer coisa que se refira a algo situado fora do espaço e do tempo será chamada por eles de sobrenatural. Mas a física quântica — e todos os cientistas acreditam nela atualmente — diz que a natureza, a realidade, tem dois domínios, um dentro e outro fora do espaço e do tempo. E o domínio fora do espaço e do tempo é detectável experimentalmente. A comunicação feita nesse domínio é instantânea e sem sinal. Parece bem radical, não acha?

E quem mais fala assim? Os místicos. Eles falam de céu e terra — dois domínios da realidade. O céu é o domínio de Deus, das qualidades divinas e da perfeição; a terra — o domínio da matéria comum e dos humanos — é vista como um reino de imperfeição. Logo, a física quântica nos atormenta com a possibilidade de se formar um pensamento integrativo entre ciência e misticismo cujo desdobramento é a religião. E foi aí que eu comecei: com a motivação básica para integrar ciência e espiritualidade, o desejo de pôr fim à disputa milenar entre ciência e religião, reunindo-as numa visão de mundo quântica. Foi isso que discuti no meu primeiro livro sobre o assunto, *O universo autoconsciente* (1993), e depois aprimorei a ideia em *A janela visionária* (2000). Finalmente, em *Deus não está morto* (2008), demonstrei a integração entre ciência e religião usando dados empíricos. Agora, anos depois, ainda estou procurando criar essa síntese por meio do ativismo quântico.

A visão de mundo quântica também pode integrar a ciência às artes e às humanidades. Perdemos a fé nas artes e nas ciências humanas, e, por isso, acabamos desistindo de buscar o significado, preferindo atividades mais triviais. O poeta romântico Samuel Coleridge, relatando como teve a ideia de escrever sua obra-prima, *Kubla Khan*, disse:

> E se dormires e se em teu sono sonhares?
> E se em teu sonho fores para o Céu
> e colheres lá uma estranha e bela flor?
> E se, ao despertares, tiveres a flor na tua mão?

Isso nos lembra os psicanalistas (seguidores de Freud) e os psicólogos profundos (seguidores de Jung), que também falam de dois domínios: o inconsciente e o consciente. A física quântica pode oferecer um guarda-chuva paradigmático tanto para a física quanto para a psicologia? O pupilo de Freud, o visionário Carl Jung, disse que, mais cedo ou mais tarde, a psicologia e a física quântica iriam se unir. Tinha razão.

Assim, a palavra "quantum" abriga mesmo muito poder. Ademais, a visão de mundo quântica é sempre integrativa e inclusiva. Aqui, concentramo-nos em seus aspectos integrativos: como a física quântica pode unificar ciência e espiritualidade; como pode unir causa e propósito; como pode trazer de volta o significado e revitalizar as artes e as ciências humanas; como pode integrar ciência e psicologia; e como pode nos proporcionar uma ciência do amor. Ativistas quânticos levam seu comprometimento mais além: usam princípios quânticos para mudar a si mesmos e para levar a sociedade à integração e à inclusão.

# A física da possibilidade

A física quântica é a física da possibilidade. As ondas da dualidade onda-partícula são ondas de possibilidade. Na visão de mundo quântica, *a consciência escolhe, dentre as possibilidades quânticas, aquilo que experimentará na realidade manifestada*. É assim que criamos a realidade, inclusive nós mesmos. Esse poder de escolha chama-se causação descendente.

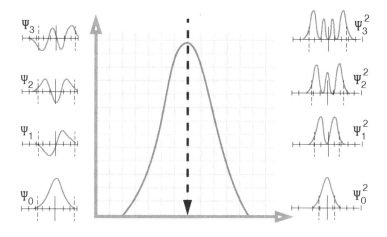

Figura 1. Curva de distribuição de probabilidade do elétron.

Para entender a ideia de possibilidade quântica, pense no comportamento do elétron quando é liberado com tamanha lentidão que fica praticamente em repouso no meio de uma sala imaginária. Na física newtoniana, o elétron ficaria para sempre no lugar onde foi liberado, caso você ignore a gravidade. Mas não é o que acontece na física quântica. Na física quântica, esse mesmo elétron se comporta como uma onda e se espalha.

Quando você joga um pedregulho numa lagoa, propagam-se ondulações sobre a água – ondas – desde o ponto onde o pedregulho caiu. Na física quântica, até o elétron em repouso se espalha de maneira similar, mas em três dimensões. Isso acontece tão depressa que, no mesmo instante (literalmente), ele está em toda a nossa sala imaginária. Agora imagine vários contadores Geiger – aqueles aparelhos que fazem tic-tic-tic quando passa algum elétron por eles – distribuídos pelo recinto. Será que todos os contadores Geiger vão disparar quando a onda do elétron se espalhar pela sala? Não. Num dado experimento, só um dos contadores Geiger vai disparar. Noutro experimento idêntico, outro contador Geiger, posicionado noutro lugar da sala, vai disparar. E se fizermos muitos experimentos idênticos vamos gerar uma curva em forma de sino que mostrará a probabilidade de encontrar aquele elétron num dado local, num momento específico.

Então, é fato que o elétron existe simultaneamente em vários lugares da sala? Sim. É isso que a matemática quântica nos diz. Entretanto, para compreender aquilo que estamos observando, também precisamos concluir que o elétron está em muitos lugares ao mesmo tempo *apenas como possibilidade*. E essa é a essência da física da possibilidade.

O poder preditivo da física quântica provém dessas curvas de probabilidade em forma de sino, calculáveis por meio da matemática quântica. Junto com as possibilidades da física quântica, surgem probabilidades associadas que nos permitem responder à pergunta: Qual a posição média de um elétron ao longo de um grande número de medições? Com a curva apresentada na Figura 1, podemos prever a localização provável do elétron em nossa sala imaginária. Na física e na química, estamos sempre lidando com quantidades quase inconcebíveis de objetos quânticos. Portanto, a predição de que uma colher de açúcar ajuda a ingestão de um remédio só se sustenta porque a predição probabilística que garante isso aplica-se a um número muito grande de experimentos.

No caso de um objeto ou evento isolado, porém, as probabilidades não nos ajudam. E a matemática quântica não tem resposta para o local onde o elétron será encontrado num experimento isolado. Por isso, podemos postular que a consciência escolhe a posição do elétron sempre que há um observador presente. Dá-se a isso o nome de "efeito do observador".

## O efeito do observador

O efeito do observador, que abordei no filme *Quem somos nós?*, estabelece simplesmente que uma onda de possibilidade de um dado objeto ou evento só se transforma num evento manifestado quando um observador olha para ela. Podemos dizer que a onda se transforma em partícula quando observada. Os físicos chamam esse fenômeno de "colapso", pois os primeiros físicos quânticos achavam que as ondas de possibilidade colapsavam como um guarda-chuva percorrendo o espaço, demorando certo tempo para fazê-lo. Agora, porém, sabemos que não é assim. Sabemos que esse colapso ocorre de forma instantânea e não local.

E por que o próprio contador Geiger não transforma as ondas em partículas ao registrá-las? Parece ser isso o que o bom senso determina. A resposta tem duas partes. Primeiro, sem observação nunca poderíamos verificar isso. A verificação exige que olhemos para o contador Geiger ou ouçamos seus estalidos – ou seja, que o observemos. Segundo, sabemos que o contador Geiger é formado por moléculas que são redutíveis a partículas elementares, e todos esses objetos obedecem à física quântica. Logo, até o contador Geiger precisa obedecer às leis da física quântica e reagir como uma onda de possibilidade em sua interação com a onda de possibilidade do elétron.

Mas o cérebro do observador não é igualmente formado por moléculas redutíveis a partículas elementares, estando por isso também sujeito às leis da física quântica? Qual a diferença entre o cérebro e o contador Geiger?

De fato, espera-se que o cérebro siga as leis da física quântica. Mas não esqueça que, de algum modo, na presença do cérebro do observador, a onda sofre o colapso e *torna-se* partícula; nós *ouvimos* os estalidos do contador Geiger. Assim sendo, o cérebro não apenas precisa ser especial; o observador deve ser algo *além* do cérebro. Esse algo é a consciência.

A palavra "consciência" deriva de duas palavras latinas: *cum*, que significa "com", e *scire*, que quer dizer "conhecer". Portanto, a consciência é o veículo pelo qual conhecemos as coisas. Em nosso experimento com o elétron na sala, só conhecíamos possibilidades e probabilidades sobre o objeto antes de ouvir o estalido do contador Geiger; nosso conhecimento sobre o objeto era vago. Contudo, depois de ouvir o estalido, ficamos sabendo exatamente onde estava o elétron. A medição aumentou nosso conhecimento sobre o elétron. E o veículo por meio do qual o conhecemos é a nossa consciência.

Pense nisso. Suponha que estou numa loja admirando belas xícaras de porcelana. Sem querer, derrubo uma do balcão e ela se quebra; mas não estou olhando para ela. Será que quebrei apenas a possibilidade de uma xícara? Se sim, por que eu deveria ter de pagar por ela? Mas ouvi a xícara se quebrar. E mesmo que eu fosse surdo, a funcionária da loja terá ouvido o som da xícara despedaçando e virá correndo para me cobrar! Assim, quando falamos em "observar", queremos dizer observar empregando todos os meios sensoriais de conhecimento, não apenas a visão.

O efeito do observador exige que ele interaja com o objeto de um modo que envolva a não matéria, pois, segundo o famoso teorema do matemático John von Neumann, as interações materiais só conseguem converter ondas de possibilidade em outras ondas de possibilidade, nunca em experiências manifestadas. Essa não matéria é a consciência do observador. Mas se é a consciência que conhece – aquilo que convencionamos chamar de sujeito –, chegamos a outro paradoxo. Obviamente, esse sujeito não existe sem o cérebro. No entanto, sem o colapso – sem passar da possibilidade para a experiência manifestada – temos apenas a possibilidade de um cérebro. A existência do cérebro exige colapso; o colapso exige a presença do cérebro. Vemos aqui uma circularidade causal, um paradoxo da lógica que faz parte do "paradoxo da mensuração quântica".

Ora, a própria física quântica nos diz o que a consciência deve ser para se evitar todos os paradoxos envolvidos. A consciência deve ser a base de toda a existência; a matéria consiste nas possibilidades da própria consciência. Como a consciência faz escolhas a partir de si mesma, essa afirmação evita o paradoxo básico do dualismo: como a consciência pode interagir com um objeto material sem sinal. A física quântica oferece uma resposta simples, mas radical: não há sinal. Logo, não existe a necessidade de propor uma interação entre objetos separados. O objeto e a consciência são um só. Quando você se comunica com si mesmo, não precisa de sinal. Essa comunicação sem sinal é chamada de comunicação através da *não localidade quântica*.

Assim sendo, a consciência não é um fenômeno do cérebro. Na visão quântica, a consciência é a base de toda a existência, e o cérebro é um fenômeno da consciência. Uma tendência muito comum é pensar na consciência como um objeto – um fenômeno do cérebro – que pode ser reduzido a partículas elementares de matéria (ver Figura 2). Mas a experiência consciente consiste sempre em dois polos: sujeito e objeto, experimentador e experimentado. Então, como o sujeito pode vir do cérebro se o cérebro é apenas um objeto feito de objetos menores até chegarmos às partículas elementares? A consciência é mais do que um objeto; ela também contém o sujeito. Portanto, a solução do paradoxo da mensuração quântica está no fato de que, numa mensuração quântica, o cérebro faz a representação do sujeito-potencialidade da consciência quando esta se identifica com ele.

Mas por que o cérebro é tão especial? Por que a consciência se identifica com o cérebro e não com um contador Geiger – ou com uma pedra? A resposta é crucial. Existe uma relação circular entre os componentes do cérebro que produz uma autoidentificação com ele mesmo.

Figura 2. Se a consciência fosse um objeto, não haveria um sujeito para ver os objetos.

Pense na frase "Sou mentiroso". A frase é paradoxal; tem uma lógica circular, aquilo que, em termos técnicos, os físicos chamam de "hierarquia entrelaçada", ou "emaranhada". Se digo que estou mentindo, estou dizendo a verdade; se digo que estou dizendo a verdade, estou mentindo. Por mais que você repita a frase, nunca vai escapar dessa circularidade. O cérebro tem o mesmo tipo de relacionamento paradoxal entre seu aparato de percepção e seu aparato de memória. A percepção exige memória; a memória exige percepção. No processo de mensuração quântica, que envolve tanto o aparato de percepção quanto o aparato de memória do cérebro, a consciência fica presa em sua própria circularidade; ela se identifica com o cérebro. Assim, o cérebro torna-se o polo *sujeito* de uma experiência. A consciência, por sua vez, divide-se em sujeito (aquele que experimenta) e objeto (aquilo que é experimentado). Esse é um ato de criatividade quântica.

## Criatividade quântica

A criatividade quântica não é um processo mecânico. Ela exige acesso à consciência superior. Os darwinistas mais empedernidos vão reclamar que o próprio cérebro é produto da evolução — um processo essencialmente mecânico, linear. É verdade. Mas a evolução não envolve apenas interações materiais, como teorizou Darwin. Com efeito, se a consciência é a base da existência, é sensato pensar que ela tenha um papel a desempenhar na evolução.

Agora que você compreende um pouco melhor o papel da consciência criativa, voltemo-nos à máxima da Nova Era: nós escolhemos a nossa própria realidade. E se podemos escolher a realidade segundo a nossa vontade, decerto podemos escolher um belo carro, uma linda casa...

Bem, você não pode.

O erro que cometemos é tendencialmente pensar que escolhemos com nossa própria consciência individual. Isso provoca outro paradoxo. Pense no seguinte: Quem escolhe se um semáforo quântico dicotômico vai ficar verde ou vermelho quando há dois observadores se aproximando vindos de direções perpendiculares e com motivações diferentes? Os dois observadores vão querer que o semáforo esteja verde para eles (ver Figura 3). Mas quem escolhe? A solução é dupla. Ninguém escolhe com base em seu ego individual; e ambos escolhem como consciência não local. A consciência, base de toda a existência e fonte de nossa escolha, é não local e objetiva. Alguns podem denominá-la Deus, mas podemos também chamá-la efetivamente consciência quântica.

Figura 3. Quem escolhe a luz verde?

A física quântica, a física das possibilidades, ajuda-nos a despertar para a nossa consciência superior e a escolher os eventos da nossa experiência desde um reino de possibilidades. Não fazemos a escolha em nossos egos condicionados individuais, mas a partir de uma consciência superior na qual somos um com os demais. Assim ela nos dá o poder de criar a nossa própria realidade. E quanto mais usamos esse poder da criatividade quântica, mais vamos perceber que a criatividade é um processo cooperativo, e não competitivo. Isso é *transformação*.

## Comunicação não local

Até aqui, em nossa discussão, identificamos os princípios quânticos quintessenciais, os mais importantes conceitos na caixa de ferramentas de um ativista quântico: causação descendente, não localidade, descontinuidade e hierarquia entrelaçada. Esses são os princípios da física quântica que podem nos transformar quando aprendermos a aplicá-los em nossa própria vida. Essas são as ferramentas com que trabalha o ativista quântico. Esses são os veículos que podem provocar mudanças quânticas.

A não localidade é a comunicação sem sinal que ocorre na consciência, o domínio da potencialidade. Ela foi constatada objetivamente inclusive no nível macro de nossa experiência. No nível da neurofisiologia, há evidências de potencial transferido; a atividade elétrica pode ser transferida de um cérebro para outro sem uma conexão elétrica. Encontramos também alguma evidência subjetiva disso em campos como a telepatia. E há novos experimentos – como experimentos de visão remota, por exemplo – sendo realizados com uma boa dose daquilo que podemos chamar de objetividade fraca. Eles dependem de experiências subjetivas, mas podem ser verificados em um grande número de sujeitos. Sem esse conceito de objetividade fraca como forma de validação, até a psicologia cognitiva teria muita dificuldade para se justificar como ciência.

Não localidade é um conceito de difícil compreensão para leigos. Geralmente supomos que a informação precisa ser levada de algum modo para um campo ou através de uma frequência. Mas essa suposição exige que a informação esteja codificada dentro dessas frequências ou campos na forma de pulsos e voltagem no espaço e no tempo, como pulsos de energia sinalizando uma mensagem, *rat-a-tat-tat-rat-a-tat-tat*. Mas isso exige que alguma coisa na mente seja capaz de decodificar essa mensagem. Novamente, o perigo é a tendência a pensar em termos de algo que efetivamente se move por meio de um sinal, o que, por sua vez, requer que o cérebro seja capaz de interpretar as mensagens que a consciência está fornecendo na forma de ondas moduladas.

A resposta é que o cérebro não faz nada disso. No modelo quântico dessa transmissão, um cérebro não emite ondas eletromagnéticas moduladas e recebidas por outro cérebro. Embora os materialistas se apressem em dizer que é exatamente o que acontece, não há evidências disso. O problema enfrentado pela ciência quântica é que não podemos descartar o fenômeno da telepatia por si mesmo com esse tipo de argumento, pois é possível provar que a telepatia ocorre sem a transmissão de ondas eletromagnéticas, bastando colocar os sujeitos em câmaras impermeáveis ao eletromagnetismo. Nesses experimentos, a informação passa de um cérebro para outro sem a ajuda de ondas eletromagnéticas. Como isso acontece?

No modelo da consciência, trata-se de um processo sutil, baseado na potencialidade presente na consciência cósmica que é uma só para ambos os observadores, para ambos os telepatas. Assim, a comunicação se dá quando um observador pensa em alguma coisa – ou, mais precisamente, escolhe alguma coisa – no domínio de significados da potencialidade; como o outro observador está "correlacionado" com o primeiro, ele escolhe a mesma coisa. Assim, ambos escolhem objetos de significado idêntico ou quase idêntico dentro do espectro de possibilidades que eles estão processando em seu próprio domínio inconsciente de potencialidade. O cérebro do segundo observador faz uma representação desse significado mental, que parece assim ter sido transferido do cérebro do primeiro observador. Esse processo está sendo verificado por novos experimentos chamados "experimentos de potencial transferido", nos quais o potencial cerebral do cérebro de um sujeito é transferido para o cérebro de outro sujeito sem sinais eletromagnéticos.

Em 1993, o neurofisiologista Jacobo Grinberg, na Universidade do México, conseguiu demonstrar a comunicação quântica não local entre dois cérebros. Para isso, primeiro ele correlacionou os dois sujeitos de seu experimento fazendo que meditassem juntos com a intenção de manterem uma comunicação direta (sem sinal, não local). Depois de vinte minutos, os sujeitos foram separados (ainda mantendo a intenção de unificação) e postos individualmente em gaiolas de Faraday (câmaras eletromagneticamente impermeáveis). O cérebro de cada sujeito foi ligado a um aparelho de eletroencefalograma (EEG).

Um dos sujeitos foi exposto a uma série de lampejos, produzindo uma atividade cerebral que foi registrada pelo aparelho de EEG. A partir disso foi extraído um "potencial evocado" com a ajuda de um computador, após se remover o ruído do cérebro. De algum modo, viu-se que o potencial evocado foi transferido para o cérebro do segundo sujeito, conforme se viu pelo EEG desse sujeito após a remoção do ruído do cérebro. O segundo sujeito obteve um potencial transferido similar ao potencial evocado do primeiro sujeito, tanto em fase quanto em força (ver Figura 4). Sujeitos de controle (que não meditaram juntos ou não conseguiram manter a intenção de se comunicarem sem sinal enquanto durou o experimento) não mostraram nenhum potencial transferido.

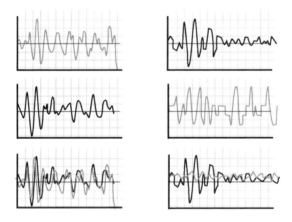

Figura 4. Resultados do experimento de potencial transferido.

O experimento de Grinberg demonstra a não localidade da comunicação de cérebro a cérebro, e uma coisa mais importante ainda: a não localidade da consciência quântica. De que outro modo podemos explicar o fato de a escolha forçada da resposta evocada no cérebro de um sujeito poder levar à escolha livre de uma resposta (quase) idêntica no cérebro do sujeito correlacionado? Esse experimento já deve ter sido replicado cerca de vinte vezes. (Ver, por exemplo, a pesquisa de Leana Standish e seus colaboradores, ou de Dean Radin, pesquisador do IONS.) Provavelmente, o aspecto mais importante do experimento de Grinberg é o poder da nossa intenção. Os sujeitos de Grinberg tinham a intenção de fazer que sua conexão não local em potencial se manifestasse de maneira concreta e demonstrável. Os sujeitos de controle, que não conseguiam manter a intenção, não puderam manifestar um potencial transferido.

Experimentos como esse estão revolucionando nossa atitude perante a consciência não local. Se o potencial elétrico (a atividade elétrica) de um cérebro pode ser transferido para outro cérebro sem uma conexão elétrica, sem a presença de qualquer onda eletromagnética, como podemos negar a existência de uma sutil conexão não local entre os dois cérebros? Essa interconexão é o que chamamos de consciência.

## Hierarquia entrelaçada e descontinuidade

Agora, vamos analisar outra ferramenta do ativista quântico, a hierarquia entrelaçada, a mais difícil de entender. Todos compreendem a hierarquia simples no sentido social — monarquia, patriarcado, oligarquia etc. —, que consiste no domínio de um grupo sobre os demais. A hierarquia simples que a ciência materialista nos apresenta diz que partículas elementares formam átomos; átomos formam moléculas; moléculas formam objetos maiores. Essa hierarquia simples baseia-se na causação ascendente, e é uma descrição bastante precisa dos objetos materiais não vivos. No entanto, quando tratamos do relacionamento de sujeitos, de relacionamentos entre pessoas, tendemos a nos rebelar contra as hierarquias simples. De modo geral, afastamo-nos da monarquia — um tipo de hierarquia simples — e nos aproximamos da democracia, que incentiva mais a igualdade causal entre as pessoas. Os monarcas remanescentes não são, em sua maioria, autoridades governantes. É claro que ainda estamos sujeitos à hierarquia simples em nossas sociedades e em nossas estruturas políticas. Mas se quisermos mudanças sociais, é bem provável que tenhamos de recorrer a um relacionamento mais "emaranhado" entre os eleitores e seus representantes.

A descontinuidade, a terceira ferramenta do ativista quântico, é familiar para muitos de nós sob a forma de experiências criativas que surgem de surpresa – aqueles momentos "ahá" pelos quais todos já passamos. De fato, a surpresa é a assinatura da descontinuidade. Naturalmente, na melhor das hipóteses, as experiências criativas são levemente objetivas. Mas evidências objetivas de descontinuidade surgem de forma significativa até na evolução biológica – um fato que costuma ser menosprezado pelo materialismo científico. Se você diz que a evolução é apenas um movimento da matéria, você captura somente a parte lenta e contínua da evolução. Mas existe outro tipo de movimento na evolução, mais abrupto, que os biólogos Niles Eldredge e Steven Gould descobriram na década de 1970; eles deram a esses saltos evolutivos o nome apropriado de "sinais de pontuação" no discurso contínuo da evolução darwinista. Biólogos que seguem o materialismo científico não conseguem explicar esses sinais de pontuação. Mas biólogos com visão de mundo quântica conseguem.

No modelo quântico, esses sinais de pontuação são simplesmente saltos quânticos de criatividade, criatividade biológica (ver meu livro *Evolução criativa*). Se adotarmos essa visão, então a evolução é uma evolução da consciência. O darwinismo limita o ritmo e o escopo da evolução ao insistir na continuidade. Mas, para explicar a evolução num nível macro – de uma espécie para outra, quando a evolução envolve um novo órgão, por exemplo –, precisamos invocar esses saltos quânticos. Ademais, os dados apoiam essa visão. As lacunas fósseis na evolução são bem conhecidas. Cientistas que não querem abandonar o modelo contínuo de Darwin encontraram alguns intermediários para preencher essas lacunas, mas vão precisar literalmente de milhares e milhares para resolver essa anomalia central do darwinismo.

A noção quântica da descontinuidade, por outro lado, resolve essa anomalia e remove os limites do modelo de Darwin. Baseando-se na não localidade, na hierarquia entrelaçada e na descontinuidade, essa ideia abre a porta para a criatividade em todos os níveis – biológico, material, cultural e psicológico. Ela nos apresenta um processo evolutivo que pode realmente nos levar adiante.

## Exclusão ou inclusão?

O materialismo científico tornou-se um dogma – e dos mais exclusivos. Ele exclui a espiritualidade, as artes e os aspectos importantes da psicologia – como o inconsciente na psicanálise e na psicologia profunda. Ele não admite muitos dos métodos alternativos de cura que as pessoas têm considerado úteis há séculos – como a acupuntura, a tradição oriental da ayurveda e a homeopatia, descoberta mais recentemente. Segundo a ciência convencional, tudo isso é bobagem e deve ser ignorado. Ironicamente, estudos recentes mostraram que 70% da cura por drogas farmacêuticas devem-se ao efeito placebo, que é um efeito da mente e do corpo e, portanto, excluído pelo materialismo científico. De modo análogo, os materialistas científicos ignoram o novo paradigma da consciência postulado pela visão de mundo quântica.

Como superar isso? Como chegar a uma filosofia científica inclusiva, e não exclusiva? A única maneira que consigo imaginar é recorrer ao ativismo – à defesa e à aplicação consciente de princípios quânticos que podem nos orientar solidamente na busca por mudanças por meio de escolhas. As pessoas costumam reclamar que os ativistas tentam mudar o mundo, mas nunca mudam a si mesmos. Na física quântica, mudar a nós mesmos é fácil, pois sabemos como: por meio da criatividade.

A criatividade satisfaz. Todos querem ser criativos de algum modo. É assim que cada um de nós se torna único, e também é assim que podemos cooperar. Dessa forma, o ativismo quântico nos inspira a mudar à medida que tentamos mudar o mundo.

A meta do ativismo quântico é uma vida com mais plenitude, pois há mais integração. Como ativista quântico, posso realmente dizer que consigo viver, até certo ponto, com percepção-consciente. Posso levar o bem às pessoas com quem me relaciono. Posso ter amor em meus relacionamentos íntimos. Posso ser justo ao lidar com os outros. Posso discernir o certo do errado. Posso admirar a beleza e a harmonia.

Como ativista quântico, posso integrar em mim o místico, o poeta e o cientista; posso combinar ciência e espiritualidade, arte e humanismo, e todos os outros potenciais positivos que nos tornam humanos. Pessoalmente, meu ideal é integrar as potencialidades do grande poeta místico Rabindranath Tagore e as do brilhante cientista Albert Einstein.

Admito que isso soa extremamente ambicioso, e não sei dizer quanto tempo vai levar até a humanidade atingir essa meta. Mas sei que, considere-se você um ativista quântico ou não, se está trabalhando para integrar e incluir, se está adotando uma postura criativa diante da mudança, então você é, de fato, um ativista quântico que compreende, implícita ou explicitamente, a essência da visão de mundo quântica.

*capítulo* 3

# a física do sutil

Todos nós temos, em potencial, o poder de causação descendente – o poder de escolher dentre uma série de possibilidades. Mas o que podemos fazer com ele? Para começar, precisamos aceitar que esse poder de escolher a partir das possibilidades é muito limitado no reino físico, mas virtualmente ilimitado naquele que é chamado de reino sutil em diversas tradições espirituais.

O que é o reino sutil? Ele é formado por aquilo que experimentamos internamente, em oposição à matéria, que é vivenciada externamente. Podemos pensar na matéria como algo denso, fixo e semipermanente. Mas o reino sutil está sempre mudando. Como podemos tornar mais científicos esses conceitos espirituais? Percebendo que, se a matéria existe como possibilidades dentro da consciência, por que não o sutil? Adotando o modelo da física quântica como forma de resolver o chamado dualismo mente-corpo da ciência materialista.

## Corpos da consciência

Muitas tradições espirituais falam de corpos sutis da consciência, que não são físicos. Elas incorporam o vital (sentimentos), o mental (pensamentos) e o supramental (arquétipos como amor, beleza, verdade, justiça e bondade) em seus sistemas de crença. Geralmente, as tradições espirituais retratam o físico e o sutil como embutidos num quinto corpo, a totalidade da consciência que é considerada a base da existência.

O psicólogo Carl Jung descreveu quatro categorias de personalidade: sensação, sentimento, pensamento e intuição. Entendidas no contexto da base da consciência, essas personalidades podem delinear quatro mundos diferentes de possibilidades: possibilidades materiais, que percebemos sensorialmente quando as tornamos concretas; possibilidades vitais, que sentimos; possibilidades mentais, que pensamos; e possibilidades supramentais, que intuímos. Quando manifestamos possibilidades ao fazer escolhas, criamos uma experiência (ver Figura 5).

Nós temos uma existência, um corpo, em cada um desses mundos. Esses corpos não interagem diretamente; a consciência faz a mediação não local de sua interação. Desse modo, o dualismo mente-corpo torna-se sem sentido, e a essência não física desses corpos é reconhecida. Esse é um grande avanço no pensamento filosófico.

Você pode dizer, bem, talvez seja um avanço na filosofia, mas suscita muitas perguntas. Por exemplo, por que a dualidade mente-corpo é um problema? Por que o mental e o supramental não podem interagir diretamente? E como a consciência faz a mediação não local?

Bem, vamos desconstruir isso e tentar resolver algumas dessas questões.

Temos um corpo físico externo que experimentamos em consenso com outras pessoas, e temos uma mente interna que experimentamos em caráter privado. Essa é a base do dualismo – mental-físico, sutil-denso, mente-corpo, interno-externo; chame como preferir. Durante milênios tem sido costume supor que, como experimentamos essas duas coisas – mente e corpo – de forma diferente, uma interna e outra externamente, ambas devem ser feitas de substâncias distintas. Noutras palavras, a mente existe como uma espécie de substância "sutil", não material. Mas isso suscita a pergunta paradoxal: Como o não material e o material interagem se supomos que não têm nada em comum? A solução para esse paradoxo sempre foi a necessidade de haver um mediador entre mente e corpo — algum tipo de sinal — para que a interação ocorra. Mas a ciência materialista alega que um sinal transporta energia, e que a energia é uma constante que não sai nem entra no mundo físico. Isso parece descartar a ideia de sinais mediando qualquer interação entre a mente não material e o corpo material.

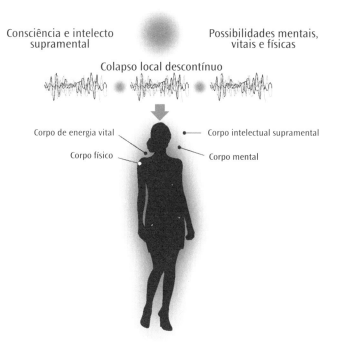

Figura 5. Paralelismo psicofísico; quatro tipos de experiência e quatro mundos diferentes da experiência.

Por que a mente e o supramental não podem interagir? Embora ambos sejam sutis, produzem experiências sutis diferentes — pensamento e intuição, respectivamente. Portanto, eles também devem ser feitos de substâncias sutis de tipos diferentes. Logo, a questão sobre a maneira como podem interagir, supondo que nada tenham em comum, é a mesma de que tratamos na interação mente-corpo.

Quanto à maneira pela qual a consciência pode mediar

não localmente, a questão é resolvida pelo modelo quântico, pois todos esses mundos são possibilidades da consciência. Portanto, a própria consciência, como base comum a todos eles, pode mediá-los. E pode fazê-lo de forma não local — sem sinais — porque, na verdade, todos são uma parte da consciência.

Naturalmente, os materialistas vão afirmar que a mente é o cérebro e que não existe diferença entre matéria viva e não viva — entre aves e pedras — num nível molecular. Portanto, não é preciso postular uma mente não material ou um corpo vital ou o reino supramental. A questão relevante é: *O que os corpos vital e mental fazem que o corpo físico não pode fazer?*

## Energia vital

Qualquer pessoa sensível sabe que, quando sentimos — como no caso de um pensamento emotivo —, o que sentimos são energias. As tradições espirituais chamam essa energia por vários nomes: *prana* na Índia, *chi* na China, *ki* no Japão, ou simplesmente energia vital no Ocidente. Sentimo-nos vivos porque sentimos essa energia vital. Alguns chamam a energia vital de força da vida.

Mas sentimento não é sensação. Sensação é da alçada do cérebro e do sistema nervoso. O sentimento ocorre em conjunto com os órgãos do corpo, mas, na verdade, não é do corpo. Sentimentos são movimentos do corpo vital; a energia que *sentimos* é energia vital.

O conceito de energia vital foi descartado na biologia e na medicina ocidentais porque implicava dualismo e porque, com o advento da biologia molecular, parecia que poderíamos compreender tudo sobre a vida por meio da química do DNA. Porém, o DNA sozinho não pode explicar tudo sobre o corpo — por exemplo, os diversos aspectos da cura. Como qualquer médico ou paciente sabe, a cura costuma exigir vitalidade — energia vital que não é fruto da química do corpo. A química é local, mas os sentimentos da energia vital — o sentimento de estar vivo — é definitivamente não local. E de onde vem a energia vital se não dos movimentos de um corpo vital não material?

As moléculas obedecem às leis da física, mas não sabem nada sobre os contextos da existência – conservação e sobrevivência, amor e ciúme – que nos ocupam em boa parte do tempo. O corpo vital pertence a um mundo sutil separado e contém algo como matrizes dos órgãos do corpo físico, que fazem o papel das funções vitais da vida no espaço e no tempo. Essas matrizes são o que o biólogo Rupert Sheldrake chama de "campos morfogenéticos".

O que quero dizer é que os objetos físicos obedecem a leis causais, e isso é tudo que precisamos saber a fim de analisar seu comportamento. Podemos dizer que seu comportamento é orientado por lei. Sistemas biológicos obedecem às leis da física, mas também realizam certas funções intencionais: autorreprodução, sobrevivência, manutenção da integridade do eu perante o ambiente, autoexpressão, evolução e até autoconhecimento. Algumas dessas funções são instintos que compartilhamos com os animais. O medo, por exemplo, é um sentimento relacionado ao nosso instinto de sobrevivência; mas você consegue imaginar um punhado de moléculas com medo? O comportamento molecular pode ser plenamente explicado pelas leis da física, sem se aplicar o atributo do medo. Moléculas não causam medo; estão apenas associadas ao sentimento do medo. O medo é um movimento do corpo vital, algo que sentimos. Quando nosso corpo vital sente medo, ativa-se um programa vital que ajuda a consciência a guiar as células de um órgão físico para que realizem funções apropriadas como resposta a um estímulo gerador de medo, como a produção de adrenalina.

## Matrizes biológicas

O comportamento dos órgãos biológicos é interessante porque as matrizes – os programas – que gerenciam suas funções não estão relacionadas às leis causais físicas que governam o movimento de seu substrato molecular. Portanto, seu comportamento é tipo um programa. A grande contribuição de Rupert

Sheldrake à biologia foi identificar a fonte desse comportamento tipo programa. Ele introduziu na biologia os campos morfogenéticos não locais e não físicos para explicar os programas que governam a morfogênese biológica – a forma física e a função dos seres biológicos.

Segundo Sheldrake, todos nós começamos como embriões unicelulares que se dividem para fazer réplicas idênticas, com DNA e genes idênticos. Mas o funcionamento celular depende das proteínas criadas pelas células. Potencialmente, todas as células podem produzir todas as proteínas, mas na verdade não o fazem. Em vez disso, as células se diferenciam. Dependendo do órgão a que a célula pertence, só determinados genes são ativados para produzir certas proteínas que têm relação com o funcionamento daquele órgão em particular. Logo, deve haver programas, ou matrizes, que ativam os genes apropriados para produzir as proteínas apropriadas.

E como cada célula sabe onde está no corpo e a que órgão pertence? A resposta parece ser a não localidade. Com ousadia, Sheldrake sugeriu que os programas de diferenciação das células necessárias para o funcionamento dos órgãos exigem campos morfogenéticos não locais (portanto, não físicos). Noutras palavras, comunicam-se sem sinais.

O corpo vital é o reservatório desses campos morfogenéticos, as matrizes da forma e da função. O papel do corpo físico é fazer representações dos campos morfogenéticos do corpo vital; essas representações são os órgãos do corpo. O papel das representações é realizar as funções atribuídas a cada órgão – sobrevivência, conservação, digestão, circulação, reprodução etc. Desse modo, as matrizes vitais fornecem o programa para os genes que regulam a produção de proteínas adequadas à realização das funções biológicas do órgão.

Faz sentido. Se as formas vivas são operadas por programas de software, então esses programas devem ter começado de matrizes desenvolvidas por algum programador. Então as matrizes estão embutidas no hardware como forma e função, e o comportamento da forma biológica orientado por programa agora é automático. Por isso é fácil esquecer a fonte do comportamento tipo programa e o programador. E é fácil esquecer que o comportamento dos seres biológicos nem sempre é automático. E também é fácil denegrir os sentimentos provenientes dos movimentos da fonte – os campos morfogenéticos.

Assim, o corpo vital é essencial. Ele contém as matrizes originais, os campos morfogenéticos, que os órgãos do corpo físico representam. Feitas as representações, as matrizes são ativadas sempre que os programas – que realizam as funções de representação de seus órgãos – são executados. Quem faz a representação, o programador, é a consciência. A consciência usa as matrizes vitais para fazer representações físicas de funções vitais codificadas em seu corpo supramental, o corpo das leis e dos arquétipos (ver Figura 6). Quando a consciência causa o colapso de um órgão físico – ou manifesta-o por meio da escolha – para realizar uma função biológica, também causa o colapso – ou manifesta – da matriz vital. É o movimento da matriz vital que sentimos como a energia vital de um sentimento.

Corpo supramental (corpo de leis)
inclui as leis intencionais do corpo vital envolvendo
funções biológicas (como conservação, reprodução etc.)

Matrizes do corpo vital
para a criação de formas para as
funções biológicas

Corpo físico para fazer representações das matrizes e dos
programas vitais a fim de realizar funções biológicas

Figura 6. Do supramental para o vital e o físico.

A energia vital — ou prana, ou chi — é o movimento quântico da matriz do corpo vital. Quando você vivencia uma emoção internamente, ela envolve o pensamento, mas também envolve um movimento extra, sutil, vital, que a consciência concretiza em sua percepção-consciente interna. Trata-se do prana manifestado. As emoções envolvem movimentos do corpo vital, além dos movimentos mentais. Basta observar-se na próxima vez que ficar zangado. Surgem pensamentos de raiva, mas você sente ainda outra coisa por dentro, algo sutil. É o prana, a energia vital.

Compreender a função e a importância do corpo vital proporciona uma explicação profunda do sentimento: o que sentimos, como sentimos e onde sentimos. Mas é na medicina alternativa que encontramos a evidência mais objetiva da importância de seu papel em nossa experiência.

Figura 7. Os sete chakras principais.

Uma das mais antigas tradições da medicina alternativa baseia-se num sistema de sete centros de energia vital chamados chakras (ver Figura 7). Perceba que cada um desses centros está localizado perto de um órgão importante, estando associado ao funcionamento biológico desse órgão. Cada chakra corresponde também aos sentimentos que você pode experimentar por meio da energia vital associada àquele órgão – os movimentos de seu campo morfogenético. Cada campo morfogenético está correlacionado com o órgão do qual ele é a matriz ou fonte. Assim, somos levados a concluir que os chakras são as regiões do corpo físico nas quais a consciência causa simultaneamente o colapso dos movimentos de energia vital – os movimentos de importantes campos morfogenéticos – e o colapso dos órgãos do corpo que representam essas energias.

Por isso, ao falar de emoções, os materialistas se equivocam completamente. Eles acham que as emoções são sentidas no cérebro – ou seja, que as emoções são epifenômenos do cérebro, fruto da ação combinada de circuitos instintivos no cérebro límbico e de circuitos de significado no neocórtex. As emoções, afirmam eles, chegam ao corpo através do sistema nervoso e das chamadas "moléculas de emoção". Na verdade, o corpo, na forma dos movimentos dos campos morfogenéticos correlacionados, gera sentimentos de maneira bastante independente do cérebro. Quando experimentamos sentimentos num chakra, o controle vai para o cérebro em busca de colapso e integração, porque é lá que se situa a hierarquia entrelaçada. E a emoção se manifesta na consciência, porque é lá que fica o poder de escolha.

## A mente e o cérebro

A parte neocortical do cérebro, envolvida com fenômenos mentais como o pensamento, é um tipo de computador. Por isso os materialistas se perguntam se é possível construir um computador dotado de mente. Isso, afirmam, provaria que a mente é apenas uma parte do cérebro físico – um epifenômeno do cérebro.

Essa suposição equivocada deu origem a todo um campo de estudos, a chamada inteligência artificial, na década de 1950. O matemático Alan Turing afirmou que se um computador conseguisse simular uma conversa inteligente o bastante para enganar alguém, levando a pessoa a achar que estava conversando com outro ser humano, então não poderíamos negar a inteligência mental do computador. Alguns afirmam que conseguiram fazer isso. Ademais, um programa de computador derrotou um dos maiores jogadores de xadrez do mundo. Mas isso significa que o computador é tão inteligente quanto um ser humano, ou até mais?

Entra em cena o filósofo John Searle. Num livro apropriadamente chamado *A redescoberta da mente* (1994), Searle mostrou que um computador, como máquina que processa símbolos, não pode processar significados desde o zero. Noutras palavras, ele não é capaz de atribuir significado a um símbolo sem um precedente. Você pode reservar certos símbolos para denotar significado, chamando-os de símbolos de significado. Mas depois você vai precisar de outros símbolos para lhe dizer o significado dos símbolos de significado. Assim, para processar significado a partir do zero, você precisa de um número infinito de símbolos e de um número infinito de máquinas para processá-los. Uma tarefa impossível!

O físico e matemático Roger Penrose apresentou uma prova matemática da tese de Searle, mostrando que os computadores não podem processar significado. Em seu livro de 1991, *A mente nova do rei*, Penrose usou o teorema de Gödel – que diz que qualquer sistema matemático axiomático é inconsistente ou então incompleto – para mostrar o rigor do princípio da hierarquia entrelaçada. O teorema é um lembrete de que a matéria viva, por ter que representar a consciência, precisa ser aberta.

Os biólogos materialistas alegam que o significado pode muito bem ser uma qualidade adaptativa e evolutiva da matéria. Os trabalhos de Searle e de Penrose expõem de forma convincente a natureza oca de tal alegação. Se a matéria não pode sequer processar significado, como ela pode ser capaz de processar significado continuamente a fim de que a natureza decida se as chances de sobrevivência melhoraram ou não?

A lição a se extrair disso tudo é que, embora a mente esteja claramente associada ao cérebro, ela não pertence *ao* cérebro nem é causada *pelo* cérebro. Ela não é um epifenômeno do cérebro. Com efeito, é um corpo independente do cérebro que atribui significado às nossas experiências. Os computadores não podem processar significado, mas podem fazer representações (software) do significado que lhes damos em certos contextos. De modo análogo, a consciência usa o cérebro para fazer representações de significado mental.

Os antagonistas vão alegar que tudo isso é teórico e exige dados experimentais. E temos um teste experimental negativo aqui. Se essa teoria é incorreta, então deve ser possível construir um computador apto a processar significado a partir do zero. Mas embora alguns computadores consigam identificar pistas dadas pelo programador, ninguém construiu ainda um computador que processe significado do zero para refutar a teoria. Noutras palavras, a teoria passou no teste. Isso pode desapontar os autores mais jovens de ficção científica, que imaginam que os robôs vão adquirir consciência em breve, diminuindo a diferença entre eles e os humanos. Mas essa expectativa só faz sentido numa visão de mundo newtoniana, que ignora os princípios da ciência quântica.

## Significado e causação

A natureza da memória cerebral indica com clareza que a mente é uma entidade separada, diferente do cérebro. O neurofisiologista Wilder Penfield observou isso inicialmente ao trabalhar com pacientes epilépticos, estimulando seus "engramas" de memória com eletrodos. Ele descobriu que esse estímulo provocava todo um fluxo de lembranças mentais. Assim, o significado mental é representado no cérebro, mas só como gatilho para que a mente correlacionada reproduza seu significado correlacionado. Isso também explica por que a memória é associativa.

Bem, o que a mente pode fazer que o cérebro não consegue fazer?

Vamos começar pela criatividade. Um cérebro programado só pode lidar com aquilo que ele recebeu – significado antigo, não um significado original ou um significado a partir do zero. Mas a criatividade é a descoberta ou a invenção de um *novo* significado. Nenhum cérebro, por melhor que seja sua programação, pode descobrir a relatividade ou formular a física quântica. Mesmo assim, os antagonistas vão alegar que não existe praticidade causal no conceito de significado, e que por isso a questão seria discutível. Mas há três exemplos importantes que mostram a praticidade causal do processamento de significados: sincronicidade, sonhos e doenças da mente-corpo.

Sincronicidade é um conceito apresentado por Carl Jung. Refere-se a dois eventos, um no mundo físico e outro no mundo mental, correlacionados pelo significado que surge na mente. Dá para perceber aqui um exemplo de não localidade quântica. Portanto, eventos sincronísticos são marcos úteis na jornada criativa.

A justificativa neurofisiológica dos sonhos – que eles são o resultado da atribuição de imagens perceptivas ao ruído branco do cérebro – é apenas o começo de uma explicação. A explicação completa é que a mente atribui significado ao ruído branco do cérebro, e às vezes cria audiovisuais bem interessantes. Assim, os sonhos são a história continuada do desenrolar do significado em nossa vida (ver Capítulo 14). Isso explica por que a análise junguiana dos sonhos, que presume que cada personagem de nossos sonhos tem um significado que atribuímos a ele, é tão útil na psicoterapia. Como você atribui o significado, você pode ser curado por um sonho ao trabalhar com ele e reconhecer esse significado.

Há sonhos criativos que "perturbaram o universo", como o sonho de Niels Bohr com as órbitas discretas de elétrons atômicos na forma de uma imagem que lembrava o Sistema Solar. Do mesmo modo, o farmacologista Otto Loewi foi inspirado por dois sonhos para chegar à demonstração experimental da mediação química dos impulsos nervosos: primeiro, ele sonhou com a ideia, mas a anotou de maneira ilegível; então sonhou novamente com ela na noite seguinte e escreveu-a com mais cuidado. E há sonhos mais prosaicos e criativos. O inventor da máquina de costura, Elias Howe, teve sua ideia crucial a partir de um sonho em que fora capturado por selvagens portando lanças com furos próximo à extremidade afiada. Quando acordou, Howe percebeu que a chave para a sua máquina seria usar uma agulha com um furo na ponta.

Um terceiro vínculo entre causação e significado pode ser encontrado no importante campo das enfermidades da mente e do corpo. Na doença somática, erros no processamento de significado podem resultar em graves moléstias. (Ver meu livro de 2004, *O médico quântico*. O doutor Larry Dossey também escreveu muitos livros sobre esse assunto. Ver *Meaning and medicine*, 1991.) O câncer, por exemplo, pode resultar do mau funcionamento do sistema imunológico. Apesar de sempre haver células no corpo que se dividem de maneira descontrolada, se o sistema imunológico está saudável não há problemas, pois a glândula timo garante a eliminação regular dessas células anormais. Por isso, a repressão de emoções no chakra do coração, associado ao timo, pode contribuir para o câncer.

No Ocidente, porém, as pessoas, especialmente os homens, são condicionados culturalmente a reprimir as emoções. Por exemplo, um homem pode descobrir que é desvantajoso para ele abrir seu chakra do coração na presença da mulher de quem ele gosta, pois o coração aberto torna-o vulnerável. Assim, ele desenvolve o hábito de reprimir a energia vital no coração, causando um bloqueio energético. Um bloqueio prolongado como esse causa um impacto tão grande sobre a atividade do sistema imunológico que pode, por sua vez, reprimir a capacidade de seu corpo eliminar células de crescimento anormal, que se tornam cancerosas. Com efeito, certos tipos de câncer têm sido associados a pessoas emocionalmente reprimidas que bloqueiam a energia do amor no chakra do coração. Há novas evidências revelando que quando as emoções são liberadas – quando um salto quântico no significado mental desbloqueia a energia vital no chakra apropriado – os pacientes conseguem ter uma cura espontânea, dando um salto quântico entre a doença e o bem-estar, graças à sua própria escolha criativa. (Ver *A cura quântica*, Deepak Chopra, 1990.)

Se o processamento desequilibrado de significados pode produzir uma doença grave, como vimos, e se o significado certo pode restabelecer a saúde, é melhor levarmos a sério mente e significado. Eles não são meros epifenômenos em busca de um vínculo causal!

## Espaço interior e espaço exterior

Se tanto a mente quanto a matéria são possibilidades quânticas da consciência, por que experimentamos a matéria como algo público – no espaço exterior – e a mente como algo privado – no espaço interior? Os cientistas materialistas dizem que "a mente" não é um conceito científico porque não podemos estudá-la objetivamente. Segundo afirmam, duas pessoas não conseguem compartilhar o mesmo pensamento e chegar a um consenso sobre sua experiência mental. Mas o que diz a ciência quântica?

Os materialistas não têm uma explicação possível para as experiências internas, então desejam apenas que desapareçam como epifenômenos subjetivos que não demandam elucidação. Nem os filósofos idealistas, que valorizam a experiência interna, apresentam uma explicação convincente; eles simplesmente fazem da natureza interna da psique um assunto da verdade metafísica e deixam as coisas como estão. Mas na filosofia idealista, a consciência é a base da existência; todas as coisas estão dentro da consciência – a matéria e a psique. Por isso, ainda não temos uma resposta.

A natureza quântica da psique, a mente, o corpo vital e o corpo supramental podem nos oferecer a resposta para as experiências internas. Os objetos quânticos são ondas de possibilidade, expandindo-se em potencialidade sempre que não sofrem colapso. Quando provoco o colapso de uma onda de significado mental, escolho um significado específico e nasce um pensamento. Porém, assim que paro de pensar, a onda de possibilidade se expande novamente. Logo, entre os meus pensamentos e os seus pensamentos, a onda de significado se expande para abranger tantas possibilidades que é muito improvável que você e eu colapsemos ou manifestemos o mesmo pensamento. Uma exceção ocorre na telepatia mental, como vimos. Outra exceção pode se dar quando duas pessoas com condicionamento semelhante conversam. De modo geral, porém, os pensamentos são experimentados como algo privado ou interno.

Mas por que os objetos materiais, que também são quânticos, não se comportam da mesma maneira? Não deveriam ser também internos à consciência? Com efeito, se a consciência é a base da existência, por que existe alguma coisa fora dela? Talvez os idealistas tenham razão. Sim, experimentamos a matéria externamente. Qual o mistério?

Esse é um ponto crucial. Existe uma diferença fundamental entre os corpos sutis e o corpo físico denso. Os corpos sutis – o vital, o mental e o supramental – são uma coisa só. Cada um é indivisível. Mas, como reconheceu Descartes, a matéria é *res extensa*, corpo com extensão. Assim, a matéria pode ser subdividida. No reino material, a micromatéria forma conglomerados de macromatéria.

Então, apesar de a física quântica governar ambos os domínios da matéria, o micro e o macro, surge uma grande diferença quando consideramos a macromatéria um conglomerado maciço de micromatéria. Segundo a matemática quântica, a onda de possibilidade de um macrocorpo maciço torna-se muito morosa. Suponha que você e seu amigo vão observar uma cadeira. Você causa o colapso da onda de possibilidade da cadeira e a vê ao lado da janela. Pouco depois, seu amigo também olha para a mesma cadeira. Entre o seu colapso e o colapso causado por seu amigo, a onda de possibilidade da cadeira certamente se expande, mas apenas um pouco. Além disso, as moléculas da cadeira estão unidas por forças coesivas; logo, a "natureza cadeira" da cadeira permanece como é, mesmo no domínio da possibilidade. O centro de massa da cadeira pode se mover devido à expansão da onda de possibilidade da cadeira, mas o movimento é minúsculo. Por isso, quando seu amigo causa o colapso da cadeira, a nova posição desse objeto será minimamente diferente daquela em que você o observou, imperceptível sem a ajuda de um instrumento a laser.

Naturalmente, ambos pensam que estão olhando para a cadeira no mesmo lugar. Vocês tiveram uma experiência compartilhada, e por isso a cadeira deve estar fora de vocês dois.

Como o mundo material macro é assim formado por micromatéria, ele cria a ilusão de manter-se público o tempo todo, mesmo quando ninguém está olhando. E isso é bom, apesar da compreensão errônea que cria, pois do contrário não poderíamos usar coisas materiais como pontos de referência. Se o seu corpo físico sempre descrevesse as incertezas do movimento quântico, quem você seria? Seria como o gato de Cheshire em *Alice no país das maravilhas*, aparecendo e desaparecendo e deixando zonzas as pessoas com quem você interage! Além disso, se a natureza quântica da micromatéria não fosse atenuada, como poderíamos usar a matéria para fazer representações do sutil? Imagine-se escrevendo algumas ideias num quadro branco com uma caneta especial e depois vendo as anotações se deslocarem em eventos de colapso subsequentes. O que isso iria causar à sua capacidade de fazer representações?

Quanto a dizer que tudo deveria existir dentro da consciência, isso se aplica apenas à consciência não local. Só experimentamos a matéria fora de nós a partir da consciência individual quando representada localmente no cérebro. Nas experiências místicas, a matéria parece ser uma com a consciência – a experiência da unidade.

Desde que René Descartes reformulou a realidade como um dualismo interno-externo, mente-matéria, a filosofia ocidental tem feito essa distinção. Mas a física quântica permite-nos ver que, como a fixidez newtoniana da realidade macrofísica e a natureza comportamental do ego condicionado, a dicotomia interior-exterior nada é além de uma ilusão que mascara o papel da consciência como realidade. Quando penetramos a ilusão, estendemos a ciência a nossas experiências interiores, subjetivas.

Já estava na hora. Hoje, orgulhamo-nos do fato de as pessoas estarem mais cientes da importância da ecologia. A palavra "ecologia" vem de duas palavras gregas: *oikos*, que significa "onde vivemos", e *logos*, que significa "conhecimento". Assim, ecologia quer dizer conhecimento do nosso ambiente, do lugar onde vivemos. Mas onde vivemos de fato? Não vivemos tanto em nosso espaço interior sutil como em nosso mundo exterior? O sociólogo Erne Ness lembra isso e nos implora para seguirmos a "ecologia profunda" – aprender a viver em harmonia não apenas com o ambiente exterior, mas com o ambiente interior. Noutras palavras, embora devamos cuidar do nosso mundo exterior, também temos de cuidar de nossa psique interior. Temos de transformar nosso ser interior. A visão de mundo quântica nos convida a participar desse tipo de cuidado duplo, e os ativistas quânticos seguem esse preceito.

*capítulo* 4

# zen e física quântica

O zen-budismo tem muitos paralelos com a física quântica na forma como introduz as ideias básicas da dualidade espiritual – céu e terra, transcendente e imanente. Há no zen, por exemplo, dois domínios da realidade: o domínio do vazio e o domínio da forma. A teoria onda-partícula da física quântica reconhece dois domínios similares, o domínio da potencialidade e o domínio da manifestação. De forma análoga, a consciência tem um papel nos dois reinos da física quântica, assim como no zen, conforme mostra esta parábola:

> Dois monges estão discutindo. Um diz: "A bandeira está se movendo".
> O outro diz: "Não, o vento está se movendo".
> Um mestre que passa por perto adverte a ambos: "A bandeira não está se movendo; o vento não está se movendo. Sua mente está se movendo".

Histórias como essa mostram que estudantes do zen ficam muitas vezes intrigados com seus domínios espirituais, assim como estudantes de física quântica ficam intrigados ao deparar pela primeira vez com os domínios distintos do mundo quântico. Com efeito, certa vez o físico Niels Bohr disse que "se você não ficou chocado com a física quântica é porque ainda não a entendeu". O mesmo acontece no zen, cujos estudantes chegam à compreensão mediante o despertar criativo. A disciplina de física quântica não é apenas um monte de informações a serem aprendidas. É uma forma de olhar para o mundo, e nela descobrimos as implicações mais profundas de um novo paradigma, um paradigma que nos permite despertar para a natureza da própria realidade.

## Opostos simultâneos

No modo zen de pensar, os opostos podem existir simultaneamente; coisas contraditórias podem existir ao mesmo tempo, como revela esta história:

> Um mestre está ensinando dois discípulos; um terceiro está sentado a distância, ouvindo tudo. Um discípulo expressa sua compreensão do ensinamento do mestre. O mestre diz: "Sim, você está certo".
>
> O outro discípulo, por sua vez, dá uma interpretação completamente diferente do ensinamento. Mais uma vez, o mestre diz: "Você está certo".
>
> Os dois estudantes se afastam, satisfeitos. O terceiro discípulo confronta o mestre, dizendo: "Mestre, o senhor está ficando velho. Ambos não podem estar certos".
>
> O mestre olha para ele e diz: "Você também está certo".

A física quântica opera de forma similar. Para cada proposição, o oposto também pode ser verdadeiro, pois temos sempre essa oposição de conceitos que a natureza dos objetos impõe sobre nós. Por exemplo, um dos primeiros ensinamentos da física quântica é que um objeto quântico pode ser tanto uma onda quanto uma partícula. Mas as ondas se espalham; podem estar em dois lugares diferentes (ou mais) ao mesmo tempo. As partículas, por seu lado, comportam-se de forma distinta. Só podem estar num lugar de cada vez e sempre percorrem uma única trajetória definida.

Em nossa vida cotidiana, com frequência nos defrontamos com opções contraditórias semelhantes. Queremos tomar uma decisão – escolher – mas não podemos, pois também queremos manter todas as opções em aberto. A teoria quântica nos permite fazer exatamente isso. Podemos manter todas as opções em aberto em potencialidade, enquanto tomamos a decisão – fazemos a escolha – de causar o colapso de um potencial em experiência manifestada. Na psicoterapia, o domínio da potencialidade que contém todas as opções ao mesmo tempo é chamado inconsciente. Cada vez mais psicoterapeutas estão percebendo o valor do inconsciente na terapia, descobrindo que as pessoas ficam mais satisfeitas com o resultado quando deixam a mente inconsciente processar suas escolhas.

Importante é perceber que a física quântica está embutida na natureza da realidade. Quando a física quântica diz que um objeto é tanto onda quanto partícula, não se trata de uma ferramenta de ensino ou uma declaração metafórica. É o que acontece de fato. Durante muito tempo isso não ficou bem entendido. A teoria quântica foi considerada apenas um modo de descrever a realidade, tornando-a mais compreensível. Mas não é o caso. Com efeito, a física quântica é uma nova maneira de identificar objetos quânticos e leva a muitos avanços em diversos campos.

Veja, por exemplo, o caso da dualidade onda-partícula. Quando afirmamos que um objeto é tanto onda quanto partícula, não estamos dizendo que um objeto é simultaneamente onda e partícula no espaço e no tempo, neste domínio espaço-tempo da realidade claramente manifestada. O que dizemos é que a natureza ondulatória de um objeto é verdadeira num domínio da realidade situado além do espaço e do tempo – uma realidade que não está manifestada. Estamos dizendo que existe um domínio da realidade além do espaço e do tempo, um domínio que chamamos domínio da potencialidade. No domínio da potencialidade, o objeto é uma onda de potencialidade, ou de possibilidade.

## O domínio da potencialidade

Esse domínio situado além do tempo e do espaço não é apenas similar à consciência; ele *é* a consciência. Esse avanço conceitual surgiu logo depois que dados experimentais mostraram existir uma forma de distinguir experimentalmente o domínio da potencialidade, no qual os objetos são ondas de possibilidade, e o domínio da experiência manifestada, no qual os objetos são partículas. O físico francês Alan Aspect e seus colaboradores criaram um experimento que provou ter esse domínio da potencialidade uma característica única que o define: as comunicações havidas nele não exigem nenhum sinal, nenhuma mediação. As implicações dessa descoberta são espantosas. Se a comunicação pode se dar sem mediação e de forma instantânea nesse domínio, decorre daí que o próprio domínio é *uma coisa só*. É um contínuo de coisas interconectadas.

Aqui estamos nos comunicando por meio de palavras; escrevi algumas palavras e agora você as lê usando sinais no espaço e no tempo. Mas também poderíamos estar nos comunicando pelo domínio da potencialidade. Se formulo um pensamento, mas não o expresso verbalmente ou por escrito, esse pensamento pode se espalhar pelo domínio da potencialidade e chegar até você. Instantaneamente. É isso que acontece quando somos inspirados pelas palavras de um escritor ou pelas imagens de um artista que criou um novo pensamento ou sentimento. As palavras ditas ou escritas, ou as imagens, atuam como um gatilho que aciona uma conexão não local que resulta em algo totalmente diferente.

No zen-budismo, encontramos enigmas como este: Qual é o som de uma única mão batendo palmas? Tal enigma encerra a ideia de que as coisas nascem da potencialidade. Qualquer pensamento é uma potencialidade com muitos significados antes de se tornar um pensamento manifestado com um único significado. E nessa potencialidade, a onda de possibilidade desse pensamento tem muitas facetas. A conversão da potencialidade em experiência manifestada transforma um pensamento ou objeto polifacetado num pensamento ou objeto monofacetado – converte uma onda em partícula.

Muitos pensam que a consciência existe porque somos seres humanos. Segundo a explicação quântica, no entanto, a consciência já existe no domínio da potencialidade, estejam os seres humanos nele ou não. Com efeito, esse é o ponto central. Lembre-se, porém, de que esse domínio se manifesta. Então vemos que a manifestação da consciência como autopercepção--consciente acontece ao mesmo tempo que pensamentos ou objetos são convertidos de ondas em partículas.

Nesse domínio da potencialidade não existe forma. A forma se manifesta de um modo específico quando uma possibilidade é escolhida e colapsada em experiência concreta – realidade manifestada. Assim, se soubéssemos como manifestar uma forma específica de um modo específico no domínio do espaço-tempo – como uma realidade tridimensional –, seríamos capazes de resolver problemas e de manifestar aquilo que quiséssemos nessa realidade. Mas isso exigiria que pudéssemos sentir ou perceber sensorialmente toda possibilidade correta no domínio da potencialidade.

E às vezes tudo o que temos é um sentimento. Podemos ter uma intuição daquilo que está no domínio da potencialidade e que queremos manifestar, mas o domínio da potencialidade tem muitas possibilidades. Logo, temos a oportunidade de processar todas essas diversas possibilidades e suas combinações simultaneamente – toda uma *gestalt* – a fim de obter uma resposta para o problema à nossa frente.

É aí que o zen e a física quântica convergem como abordagem da mente humana. Tanto o pensamento zen quanto o pensamento quântico baseiam-se em permitir dois níveis de pensamento. Em contraste, o pensamento num mundo newtoniano ocorre apenas em um nível. Nesse mundo de um nível, que só existe no espaço e no tempo manifestados, há apenas aquilo que chamamos de pensamento consciente. O pensamento consciente permite-nos analisar diversas respostas possíveis, mas só podemos levar em conta um aspecto de cada vez, uma faceta de cada vez. Quando permitimos que o processamento dos pensamentos ocorra não só no domínio do espaço-tempo, mas também no domínio da potencialidade, o pensamento *convergente* consegue processar muitas facetas ao mesmo tempo. O domínio do espaço-tempo é bom para gerar uma série de respostas divergentes; chamamos a isso pensamento *divergente*. Mas, para se chegar a uma solução, é mais eficiente o processamento simultâneo de várias possibilidades no domínio da potencialidade, seguido pela escolha – pensamento convergente.

Bem, o processamento de pensamentos é muito diferente no domínio da potencialidade. No espaço-tempo, estamos conscientes; no domínio da potencialidade, estamos inconscientes. Só depois de diversos episódios de processamento inconsciente é que o pensamento convergente se manifesta na forma de uma solução – um salto quântico.

## Múltiplas possibilidades

Se a potencialidade quântica pode conter múltiplas possibilidades para aquilo que estamos buscando, decorre que algumas dessas possibilidades serão "boas" possibilidades e outras não. Naturalmente, queremos sempre escolher as "boas" possibilidades – possibilidades que tornem as coisas melhores ou que mudem nossa realidade de forma construtiva. Mas como podemos ter certeza de que estamos obtendo as possibilidades específicas que representarão mudanças positivas, em meio a toda a potencialidade?

Essa é uma ótima pergunta, embora a resposta não seja muito satisfatória: simplesmente não há garantias. Logo, os *insights* criativos para um problema podem ter consequências muito dolorosas para outros. Nenhuma pessoa de ascendência japonesa precisa ser lembrada da dor que a bomba atômica causou ao mundo. Entretanto, os cientistas que a desenvolveram certamente usaram princípios quânticos e certamente se valeram do pensamento zen. Às vezes, na sequência imediata de um evento, parece que a criatividade pode conduzir tanto ao mal quanto ao bem. Mas quando levarmos em conta a evolução – e vamos fazê-lo –, veremos que o mal temporário pode se fazer necessário para se chegar finalmente ao bem – a um progresso definitivo por meio da evolução. Por mais que seja doloroso para qualquer japonês se lembrar de Hiroshima e Nagasaki, os incidentes nos mostraram os horrores da guerra atômica e podem ter nos salvado de um conflito ainda mais devastador no futuro.

Isso também se aplica à nossa vida pessoal. Por exemplo, colocamo-nos em situações que podem ser desafiadoras ou difíceis. Mas nessas ocasiões é que geralmente avançamos e atingimos o próximo estágio de nosso crescimento pessoal. Isso me lembra outra história zen:

> Um mestre zen tinha o hábito de erguer o dedo indicador, o que era alvo de troça por certo garotinho. Um dia, o menino levantou o indicador, imitando-o, e o mestre testemunhou o ato. Ele segurou o menino e, com uma faca amolada, cortou fora o dedo ofensivo. Enquanto o garoto chorava em agonia, o mestre lhe chamou a atenção dizendo seu nome e levantando seu indicador. Diz a história que o menino atingiu a iluminação naquele momento.

Antigamente, essa história me incomodava muito. Foi preciso um bom tempo até eu compreender que a moral da narrativa era que o menino precisava apenas de um chacoalhão para levá-lo a um novo nível de crescimento pessoal. O que nos parece um mal pode ser necessário, em última análise, para que nos abalemos e saiamos da ignorância, passando a percorrer o caminho que leva ao crescimento. Às vezes, a menos que soframos, não vamos conseguir dar um salto quântico rumo a uma realidade melhor. Do mesmo modo, uma doença terrível pode ser a oportunidade para vivenciarmos a cura quântica – para darmos um salto quântico no pensamento emocional, curando-nos graças à correção de um processamento errôneo do significado (dos sentimentos) e reativando o sistema imunológico até a plena saúde. Se estivermos prontos, o mesmo salto quântico pode ser um salto que leva à iluminação.

Na tradição zen, os estudantes passam cinco dias em meditação extenuante, o que causa muita dor nos joelhos. Essa dor pode fazer que os estudantes percam temporariamente o foco, levando sua mente a divagar. Mas depois de praticar essa meditação algumas vezes, eles aprendem a relaxar quando a dor surge. O resultado é uma prática que alterna fazer e ser, atenção focalizada e relaxamento, e que eu chamo de fazer-ser-fazer-ser-fazer (*do-be-do-be-do*, como diz a canção de Frank Sinatra "Strangers in the Night". Depois desses cinco dias, os estudantes ficam na presença do mestre e experimentam o *satori*, um salto quântico. Outra história zen trata dessa transformação:

> Um grupo de budistas compartilhava a prática espiritual de correr ao redor de uma montanha durante mil dias. Mas havia certo monge que desistiu após algumas poucas centenas de dias. Os outros concluíram que ele deve ter sido inspirado e recebido a iluminação naquele momento.

## Criatividade

O caminho zen que leva à iluminação repentina esteve envolvido em mistério por muito tempo. Mas o mistério se resolve quando levamos em conta o processo de criatividade quântica. Segundo a maioria das pessoas, criatividade significa trabalho. Muita gente, e a maior parte dos cientistas, acha que todas as ideias criativas são descobertas pelo uso astuto do propalado método científico *tente e veja o que acontece*. Além disso, tenta-se glamorizar a ideia afirmando que, como os cientistas *tentam* e *veem*, o processo de verificação é a postura crucial diante da criatividade. Mas pesquisadores descobriram que essa é uma maneira muito ineficiente de encontrar respostas para questões realmente difíceis e ambíguas, porque há possibilidades demais para que todas sejam tentadas e avaliadas individualmente. Deve haver uma maneira melhor.

Depois de muitas pesquisas acerca de diversos estudos de caso, em diversos episódios históricos, os pesquisadores descobriram que o que acontecia de fato era algo diferente. Os cientistas se esforçavam muito para explorar um problema. Encontravam algumas respostas, algumas pistas possíveis. E, depois, simplesmente relaxavam. Só relaxavam. Não faziam nada. E não raro brotavam ideias revolucionárias desse estado de relaxamento.

Um amigo japonês que era redator publicitário numa poderosa agência de propaganda descreveu-me alguns de seus colegas como pessoas mais ou menos relaxadas, tranquilas. Mas ele descobriu que essas pessoas relaxadas e tranquilas pareciam explorar a criatividade muito melhor do que seus colegas mais ocupados e ansiosos. E essa é a mensagem da pesquisa de campo sobre a criatividade. A criatividade não exige apenas o foco da intensidade impulsora, algo que a maioria das pessoas tem hoje em dia. Exige também uma existência relaxada – uma mente desfocada. Estes são os dois estágios do processo criativo: preparação e processamento inconsciente. *Do-be-do-be-do*. Fazer-ser-fazer-ser-fazer.

Muito embora os pesquisadores soubessem disso havia algum tempo, ninguém tinha conseguido explicar-lhes a razão. Quando entrou em cena a física quântica e sua interpretação apropriada, foi muito fácil encontrar a explicação. Os objetos quânticos, que são ondas de possibilidade, se espalham entre eventos de escolha. Tal como ocorre quando você joga um pedregulho na água, as ondas de possibilidade quânticas literalmente se expandem e se tornam reservatórios de possibilidades cada vez maiores, a partir dos quais você pode fazer a sua escolha. Logo, há uma vantagem em esperar antes de escolher, pois, se você escolher muito depressa, o reservatório de possibilidades ainda estará pequeno. Mas se você esperar – se relaxar –, o reservatório de possibilidades estará consideravelmente maior, o que decerto é uma enorme vantagem para a sua criatividade.

Naturalmente, se você esperar demais, pode acabar perdendo o foco no problema com o qual está lidando. Portanto, é preciso haver também certo senso de urgência para que tenhamos *insights* criativos. É por isso que, quando ministro cursos que exigem trabalhos de conclusão, dou prazos a meus alunos. E sempre os estimulo a preparar e a relaxar, mas nunca a redigir a versão final se a data de entrega não estiver se aproximando.

## Para melhor ou para pior

Na potencialidade há muitas possibilidades. Algumas dessas possibilidades farão as coisas melhorarem; outras as farão piorarem. Evidentemente, tendemos a buscar apenas as possibilidades que vão melhorar as coisas; nossa propensão é esperar que aconteçam apenas coisas positivas. Na verdade, todavia, não é assim que as coisas acontecem. Ainda ocorrem coisas negativas, malgrado nossas intenções positivas. Talvez não sejamos hábeis em nossas escolhas; talvez nossas intenções sejam confusas. Será que isso vai mudar no futuro, à medida que nossa consciência evoluir? Será que as coisas negativas se darão com menos frequência e as positivas ocorrerão de maneira mais constante com a nossa evolução? Meu sentimento pessoal é que, embora isso possa ser verdade no geral, provavelmente ainda será preciso, vez ou outra, concretizar algo negativo para se chegar a algo positivo depois.

O negativo cria uma urgência que gera intensidade, e esta, por sua vez, atiça nossa criatividade. Sofrimento cria motivação. Lembre-se do menino que perdeu o dedo. Claro, seria ótimo se pudéssemos estimular a exploração criativa valendo-nos apenas de uma curiosidade salutar. Infelizmente, porém, no atual estágio de nossa evolução, é pouco provável que muitos de nós consigam se motivar pela criatividade quântica ou pela iluminação zen levados apenas pela curiosidade sincera, sem um impulso motivado pelo sofrimento. É por isso que creio haver, especialmente no budismo, uma ênfase no reconhecimento do sofrimento. E sendo a vida e o mundo como são, suspeito que estaremos sempre diante de provações e tribulações que nos impelirão a crescer.

É importante perceber que podemos reagir a situações de crise e a eventos negativos de modo a promover resultados mais positivos. Conflitos armados, mudanças climáticas globais e problemas políticos e econômicos podem ser considerados sinais de perigo que, por sua vez, dão ensejo à criação de uma nova realidade. Podemos olhar para um mundo repleto de problemas e vê-lo como uma oportunidade de realizar um salto quântico criativo para uma nova visão de mundo. Numa visão de mundo baseada em princípios quânticos e sabedoria zen, todas as coisas são possíveis – literalmente possíveis. A partir dessa plataforma, podemos dar saltos quânticos – saltos descontínuos do pensamento desde a potencialidade para fazer manifestar concretamente aquilo que nunca se manifestou antes – e resolver problemas na saúde física e mental, nos negócios, na política e no ambiente.

Aparentemente, as mulheres parecem ser melhores do que os homens nesse tipo de salto. Elas estão abertas para emoções superiores; estão em seus *corações*. De modo semelhante, algumas culturas – como as do norte da Índia, do Japão, do Brasil e da Itália – são, em geral, menos lógicas e mais emocionais. Isso não significa que não pensem de maneira lógica, mas que tendem a desenfatizar a lógica e a pensar de um modo mais ou menos informe, mais análogo à potencialidade. Essas culturas estão maduras para o ativismo quântico. Quando misturamos cabeça e coração, razão e emoções, transcendemos a ambos. Com a criatividade quântica, podemos resolver todo tipo de conflito, abrindo caminho para uma realidade melhor.

Enquanto tentamos dar um salto quântico para essa nova realidade, vamos precisar tanto de elementos lógicos quanto de não lógicos, de emoções e de intuições. Vamos precisar manter o foco no sentimento e na intuição, bem como no mental e no lógico. O zen e a ioga floresceram nos Estados Unidos quando suas práticas estavam decaindo no Japão e na Índia, e essas disciplinas nos apresentaram um modo de pensar no qual podemos criar uma nuvem de desconhecimento antes de dar o salto quântico que leva à sabedoria. Aceitar essa nuvem de desconhecimento é uma tarefa que vai exigir intuições e emoções para a nossa orientação. Mas também vamos precisar de foco; teremos de acrescentar um esforço racional consciente ao processo da criatividade. Não será um processo fácil, nem será rápido.

Permita-me encerrar com mais uma história zen:

> Um estudante acabara de completar catorze anos de treinamento em meditação de atenção plena. Num dia chuvoso, seu mestre zen convidou-o a ir até sua casa para um jantar comemorativo. Quando o estudante chegou, deixou o guarda-chuva no chão, tirou os sapatos e entrou. O mestre o recebeu e perguntou: "Você trouxe um guarda-chuva?".
>
> "Sim, mestre, eu trouxe", respondeu o estudante.
>
> "Você também tirou os sapatos, como posso ver. Muito atencioso."
>
> "Obrigado, mestre."
>
> "Agora, diga-me, de que lado do guarda-chuva você deixou seus sapatos, do esquerdo ou do direito?"
>
> O estudante não conseguiu se lembrar. "Mestre, não percebi", respondeu.
>
> "Bem, mais catorze anos de treinamento para você", disse o mestre.

*capítulo 5*

# pensamento, sentimento e intuição

No mundo material inanimado, o micro forma o macro, e por isso o macro é redutível ao micro. Esse "reducionismo" é a forma como o mundo material está estruturado. Noutros mundos, nos mundos que experimentamos internamente, não existe distinção micro-macro, não há micro formando o macro. E isso nos diz algo importante.

Uma coisa que a ciência moderna fez com sucesso foi mostrar que o mundo material inanimado é reducionista – que todos os objetos inanimados são formados por componentes menores. E isso tem benefícios importantes para nós. A capacidade de formação de representações da matéria baseia-se no fato de que, no nível macro, existe pouquíssimo movimento quântico – aproximando-se da imutabilidade. Sem essa virtual fixidez newtoniana, não poderíamos fazer representações de nossas experiências sutis usando a matéria. E sem as representações, não poderíamos ter a consciência incorporada (um *self* de hierarquia entrelaçada) ou os níveis sutis da experiência já incorporados (memória, software). Ademais, sem essa incorporação e sem a memória, não teríamos personalidades estáveis, registros escritos, civilização. Logo, a natureza micro-macro da realidade material faz-se mesmo necessária para que nosso mundo funcione do modo como o faz.

Por outro lado, a exploração do espiritual começa pelo sutil. Há tempos as tradições espirituais perceberam que só podemos chegar à plenitude através do sutil, não a partir da realidade espaço-tempo material e densa. Quando vamos ao sutil, percebemos que não existe distinção entre micro e macro, não há isso de micro formando macro. Se você se perder no físico, perder-se-á nas hierarquias simples criadas pela matéria, as hierarquias que constituem o mundo inanimado. Mas a sabedoria – que não tem hierarquias – é essencial para atingirmos o domínio espiritual da realidade.

A sabedoria do pensamento quântico é que tanto o físico quanto o sutil são importantes; precisamos de ambos. Além disso, a natureza quádrupla da experiência no modelo quântico está mais ou menos sintonizada com a classificação junguiana dos quatro tipos de personalidade: sensação, sentimento, pensamento e intuição. Jung demonstrou que as pessoas usam seletiva e preferencialmente um desses modos de experiência em detrimento dos outros. Precisamos mudar essa tendência. Precisamos integrar todos esses modos – usar todas as nossas experiências. Todavia, o trabalho de Jung é importante porque codifica a maneira pela qual somos construídos, mostra como experimentamos. É preciso que o neocórtex colapse uma possibilidade quântica numa experiência subjetiva que consista não só de sensação e sentimento, mas de pensamento e intuição.

Outro papel do neocórtex é permitir que a mente confira significado a todas as experiências. Entretanto, a menos que nos tornemos muito sensíveis, aquilo que experimentamos, mesmo diretamente, não é um sentimento, mas uma emoção, que é o efeito do sentimento sobre a mente, sentimento misturado com pensamento. Temos de nos tornar sensíveis aos sentimentos puros que precederam a experiência da emoção. E temos a mesma dificuldade com a intuição. Temos de nos tornar sensíveis àquilo que aconteceu de fato antes de podermos pensar nisso de maneira intuitiva.

# Circuitos emocionais

O que acontece quando você tem um pensamento intuitivo? O pensamento intuitivo é uma coisa bastante especial. Quase sempre, surge com um sentimento na boca do estômago ou na espinha, como um calafrio. Talvez você perceba um tremor nos joelhos, ponto em que há um chakra secundário. Quando estamos sensíveis, podemos rastrear a intuição até a sua origem, até a experiência que provocou tanto o pensamento intuitivo quanto o sentimento gutural. De modo análogo, quando nos tornamos sensíveis ao sentimento, acompanhamos a emoção até a sua origem e começamos a sentir visceralmente a energia vital no corpo, nos chakras.

No geral, a criatividade e a intuição surgirão em você quando estiver desfrutando a vida, quando estiver se divertindo. A intuição raramente aparece em meio ao sofrimento ou à negatividade, ou durante alguma exploração intelectual.

É que o sofrimento e a negatividade nos separam da unidade que é a consciência superior, assim como a racionalidade excessiva. Na exploração criativa, temos mais sucesso quando tanto o vital (os chakras superiores) quanto o mental estão participando. Por isso é importante lembrar que aquilo a que chamamos supramental também é supravital. Isso igualmente significa que você está explorando a criatividade fundamental – exploração criativa dos arquétipos –, e não a criatividade situacional – a solução de um problema dentro de certos contextos arquetípicos. A criatividade situacional não envolve necessariamente os sentimentos. Mas, para sermos mais efetivos, precisamos envolver a dimensão do sentimento em todas as nossas explorações da criatividade.

Certa vez, um amigo filósofo me disse que era capaz de aprender a conjurar seus sentimentos de um modo tal que aumentava muito a sua eficiência. Por outro lado, houve ocasiões em que o uso das emoções saiu pela culatra, e ele se enredou nas próprias emoções, tornando-se anárquico – ou, pior ainda, conflituoso. Disso tudo ele concluiu que, quando bem utilizada, a emoção cria resultados maravilhosos. Se mal usada, porém, a emoção pode ter consequências terríveis. Logo, a emoção é uma faca de dois gumes. Pode nos conduzir por direções tanto positivas como negativas.

Em suma, é fácil nos confundirmos em relação às emoções. E é muito importante reconhecer essa dimensão. É fundamental compreender que os sentimentos estão ligados a órgãos do corpo. A imagem dos chakras apresentada na Figura 7 mostra que temos sete chakras principais ao longo da espinha – sete centros primários de sentimentos. Cada um está localizado ao redor de órgãos físicos muito importantes, órgãos que realizam funções biológicas essenciais.

Por que isso é importante? Lembra-se dos campos morfogenéticos? Eles são matrizes da forma e da função biológicas, que ajudam a consciência a criar os órgãos que realizam funções biológicas à medida que a vida se desenvolve. Além disso, o sentimento que você experimenta em cada chakra está fortemente correlacionado com as funções biológicas dos órgãos em cada local.

Mas uma parte importante da evolução é que, quando o cérebro – cuja função é integrar – evoluiu, assumiu parte do controle das funções corporais. O preço que pagamos por essa integração, o processo de coordenação, é que o cérebro se desenvolveu como centro não apenas dos pensamentos, mas dos sentimentos – pelo menos, dos sentimentos ligados aos chakras inferiores. Esses sentimentos condicionados pela evolução foram representados no cérebro.

Como a mente atribuiu significado aos sentimentos, eles ficaram associados a pensamentos neocorticais. A negatividade de uma emoção vem da associação entre sentimento e mente – significado mental. Nós temos aquilo que chamam de circuitos cerebrais instintivos, que geram emoções negativas como raiva, luxúria, competitividade, ciúme ou inveja. Mas a evolução não produziu muitos circuitos emocionais positivos no cérebro – apenas alguns, como o instinto maternal. Com efeito, na maior parte das culturas vemos que o instinto maternal é venerado como um reflexo sagrado do arquétipo da mãe divina. Alguns podem ter ainda o que chamamos de circuito cerebral altruísta. E existe ainda um circuito cerebral espiritual – tratado como "Deus no cérebro" por alguns cientistas – que, quando estimulado, provoca uma experiência "espiritual". No entanto, não existe circuito cerebral para o amor incondicional, nem um circuito cerebral para a bondade em geral, ou para a beleza, a abundância, a justiça ou a plenitude.

Enquanto permanecermos insensíveis àquilo que acontece com nosso corpo quando somos alvo de uma emoção, permaneceremos alheios a nossos sentimentos puros. E isso representa uma dificuldade para a maioria de nós. Quando digo sentimento puro, refiro-me a um sentimento sem qualquer significado atribuído a ele pela mente – um sentimento sem pensamento. Essa é a distinção mais importante entre emoção e sentimento. Emoção é sentimento mais pensamento, é sentimento mais o significado que lhe é atribuído. Era a isso que Jung queria chegar quando formulou a ideia de que há quatro tipos diferentes de experiência pura.

## Energia do chakra

Uma de nossas primeiras tarefas como ativistas quânticos é tornarmo-nos cientes dos aspectos viscerais das emoções – sentimentos puros que experimentamos quando surge uma emoção. Podemos fazer exercícios para ativar os chakras e nos familiarizar com eles. Com a prática, é possível tornarmo-nos sensíveis o bastante para sentir a energia do chakra antecedendo a experiência do cérebro. Não é fácil sentir a energia dos chakras inferiores quando você está tomado por uma emoção. Mas a vantagem de se fazer isso é que, após pegar o jeito, você consegue sentir a energia também nos chakras superiores – sentimentos para os quais não há circuitos cerebrais instintivos.

Desse modo, você descobre uma coisa muito bonita: que o cérebro não domina facilmente os chakras superiores. Precisamos aprender a ativar esses chakras. Podemos, por exemplo, fazer exercícios como pegar um bebê ou um bicho de estimação e sentir a energia em nosso coração. Quando fazemos isso, o cérebro hierarquicamente entrelaçado capta o sentimento, a consciência lhe atribui significado através da mente e o cérebro o registra; então experimentamos a emoção positiva do amor. Mais tarde, é claro, essa experiência ficará alojada num circuito cerebral de memória.

Ou você pode cantar no chuveiro. Você sente a energia no chakra laríngeo, o que, por sua vez, acaba gerando a experiência da emoção positiva da expressão exultante. Você pode sentir como se o vento estivesse soprando no chakra laríngeo. A garganta pode coçar, ou você pode experimentar um movimento mais intenso, como um soluço. Os azulejos do chuveiro ou da banheira fazem com que o som reverbere e o amplificam, tornando-o mais forte. Se você cantar sem restrições, vai começar a sentir a energia no chakra laríngeo. Se cantar uma canção de amor, pode ativar o chakra cardíaco. A ativação do chakra do terceiro olho e do chakra coronário é um pouco mais difícil, mas você pode usar os chakras cardíaco e laríngeo para ajudar a ativá-los, permitindo que o conduzam até um mundo de emoções positivas.

Nos chakras superiores, a consciência vai parecer mais expandida. Você vai sentir um calor que provém do excesso de energia vital nesses chakras. Quando temos clareza a respeito de algo, sentimos calor entre as sobrancelhas. Esse calor pode ser bem intenso. Na puberdade, algumas jovens começam a intuir seu poder pessoal, e com isso a energia vital se manifesta no chakra do terceiro olho. Na Índia, é costume as jovens cobrirem esse chakra com alguma coisa, como pasta de sândalo, porque imagina-se que a proteção mantenha a região fria. Até hoje as mulheres indianas usam coberturas muito charmosas chamadas *bindis* entre as sobrancelhas.

Anos atrás, minha esposa e eu apresentamos workshops conjuntos sobre física quântica e psicologia da ioga na Escandinávia. Ela usava bindis exóticos nas sessões. Nossos clientes, pelo menos as mulheres, devem ter ficado curiosos, mas nunca perguntaram nada sobre os bindis. Um dia, enquanto eu explicava o uso original dos bindis, minha esposa entrou na sala de aula para apresentar a sessão seguinte usando o bindi mais exótico que eu já tinha visto. E as mulheres aplaudiram. Elas entenderam.

A maior parte dos exercícios de ativação dos chakras destina-se menos aos sentimentos gerados pelos chakras inferiores, focando mais os chakras superiores. Os chakras inferiores não são considerados úteis e podem até ser vistos como perigosos. No entanto, eles nos são úteis de algumas maneiras. Podemos começar a administrar os chakras inferiores como auxílio à nossa saúde. Um dos grandes problemas do sistema mente-corpo é que experimentamos nossas emoções exclusivamente no cérebro, por vezes negligenciando nosso corpo. E como as pessoas negligenciam o corpo, são muito comuns as doenças causadas pelo mau funcionamento dos chakras inferiores. Como exemplo, muita gente sofre hoje da síndrome do intestino irritável, ou constipação, algo que os freudianos atribuem à retentividade anal das emoções acumuladas. São doenças dos chakras inferiores que ocorrem porque não estamos equilibrando esses chakras, e com isso não asseguramos o fluxo livre da energia vital através deles.

De modo análogo, muitas pessoas, especialmente mulheres, têm dificuldade com o terceiro chakra – o chakra associado ao estômago –, derivada da insegurança. A úlcera, por exemplo, é uma doença muito comum que surge com o bloqueio da energia do terceiro chakra. Essas doenças acabam sendo exacerbadas porque não prestamos atenção na experiência da energia nesses chakras do corpo. O que experimentamos é a emoção associada a um circuito cerebral – raiva, orgulho ou um egoísmo excessivo. Tudo isso é experimentado no cérebro e não no estômago.

Bem, e quais são as maneiras seguras de experimentar sentimentos gerados pelos três chakras inferiores? Primeiro, você deve estar sensível ao corpo enquanto manifestar a emoção, começando pelo cérebro. Não há dúvida de que você experimenta primeiro a emoção, pois é o cérebro que assume o controle – seu senso de *self* está localizado nele. Mas cada emoção vem com uma história. Aconteceu alguma coisa antes da emoção. Quando você se torna sensível, acaba se lembrando de toda a cadeia de eventos – eventos que a consciência escolheu e colapsou –, recuando no tempo. Primeiro, as emoções começam com sentimentos na parte inferior do tronco encefálico – cerebelo, ponte e bulbo raquidiano. Finalmente, o neocórtex entra em cena.

A escolha e o colapso subsequente – a passagem da possibilidade para a experiência real – podem precipitar um evento isolado imediato. Mas também podem precipitar um evento de modo retroativo, recuando no tempo e seguindo toda uma cadeia de eventos que são pré-requisitos para o evento atual. Isso se chama *escolha retardada*, ou *colapso retardado*. A consciência escolhe um atraso, causando o colapso de toda uma cadeia de potencialidades e produzindo toda uma cadeia de eventos que recuam no tempo até a potencialidade que deu início à cadeia causal. Essa ideia de escolha retardada é completamente lógica e foi verificada por meio de experimentos que vamos discutir mais adiante. Por enquanto basta dizer que, quando observamos a memória anterior a um pensamento intuitivo, podemos ficar sensíveis à intuição e aos sentimentos que surgem no corpo quando experimentamos uma intuição. Quando fazemos isso, abrimos o caminho para experimentar os sentimentos dos chakras superiores.

Veja o caso do amor, por exemplo. Qual o sentimento que bloqueia o amor com mais frequência? É o sentimento do medo. O medo pode nos impedir de nos dissolvermos no amor. Ou, às vezes, é a defensividade do ego. Quando nos defrontamos com a emoção do amor, pensamos: "Quero defender aquilo que sou", ou "Será que faço diferença para alguém?". E, por sinal, é exatamente isso que o amor quer que façamos. Assim, para reforçar nossos sentimentos do ego e de controle, escolhemos a sexualidade e não a exploração do amor arquetípico.

Não podemos evitar emoções negativas como a raiva e as palavras agressivas associadas a ela. Essas emoções negativas parecem surgir automaticamente. O que podemos fazer é atentar para as emoções negativas quando elas despontam. Podemos prestar atenção em nossos sentimentos de energia vital nos chakras inferiores — que podem parecer sensações físicas, mas não são — e em seus sentimentos correlatos. E o que fazemos então? Prestamos atenção nos chakras inferiores? Focalizamos o coração? Tentamos levar a emoção para uma vibração ainda mais alta, para os chakras superiores?

Creio que a melhor estratégia é abordar a questão em várias etapas. Na primeira delas, podemos desenvolver a sensibilidade do corpo. Feito isso, podemos criar conscientemente experiências corporais de sentimentos positivos com a ajuda da mente e de lembranças, ou por meio da experiência direta — como a de segurar um bebê e sentir a energia que surge.

Na segunda etapa, podemos aprender coisas simples, como focalizar um problema e cientificarmo-nos de que o chakra do terceiro olho está envolvido. Quando sentimos clareza, entramos em foco. Conscientizamo-nos de que estamos apertando os músculos entre as sobrancelhas, ou que uma parte central da testa está esquentando. Podemos até fazer alguma coisa para ativar o chakra coronário. Podemos nos dedicar a atividades que nos dão contentamento, sentindo visceralmente a energia no cérebro quando estamos satisfeitos.

Na terceira etapa, podemos começar a usar exercícios de energia vital de certas tradições sofisticadas, como o *tai chi* e o *chi kung* chineses, o *aikido* e as artes marciais do Japão e o *pranayama* da Índia. O pranayama usa o controle da respiração para levar o ar para cima, até o chakra do terceiro olho, e depois para baixo, até o chakra do plexo solar. Para isso, vale-se de uma técnica chamada *inspiração profunda*, por meio da qual inspiramos como se o ar fosse até o topo do nariz enquanto visualizamos a ativação do chakra do terceiro olho com esse fluxo de ar. E quando expiramos, esvaziamos o estômago, comprimindo seus músculos e sentindo a energia no chakra do plexo solar. Do mesmo modo, o tai chi, o chi kung e o aikido usam gestos e movimentos das mãos e dos braços para erguer a energia desde o chakra básico até o chakra coronário. Essas tradições têm exercícios simples para principiantes — técnicas que ensino em meus workshops para familiarizar as pessoas com a energia vital e com a maneira de vitalizar os chakras.

Vou encerrar este capítulo com uma anedota pessoal sobre como descobri o movimento da energia em meus próprios chakras. Em 1981, fui conferencista convidado no Instituto Esalen, em Big Sur, Califórnia, durante uma semana. O mestre espiritual Osho (então Bhagwan Shri Rajneesh), já falecido, tinha muitos seguidores nos Estados Unidos naquele tempo. Fui convidado para uma meditação matinal com um grupo de Rajneesh e dirigi-me para lá. Alguém me explicou que a meditação teria quatro partes. Começamos agitando o corpo em pé, no mesmo lugar; descobri que isso realmente nos desperta. No segundo estágio, disseram-nos para ficar quietos onde estávamos, meditando naquela posição. No terceiro estágio, começamos a dançar lentamente e de olhos fechados ao som de alguma música. Eu estava indo bem até topar com alguém. Abri os olhos e me vi diante de um par de seios balançando. (Na época, o Instituto Esalen era famoso por permitir o nudismo, e, apesar de estar nos Estados Unidos havia algum tempo, ainda não tinha me acostumado com isso.) Bem, meu corpo reagiu produzindo a protuberância peculiar que caracteriza o corpo masculino, e fiquei muito envergonhado. Felizmente, o sino tocou para marcar o começo do quarto estágio, no qual deveríamos nos sentar para meditar. Mas o sentimento de vergonha persistiu e gerou um forte sentimento de energia que se ergueu desde o ânus até a garganta. E foi algo delicioso.

Veja, eu cresci na Índia e, naquela cultura, todos conhecem o despertar da kundalini, em que você supostamente experimenta o movimento do prana (a energia vital) desde o chakra mais baixo até o mais alto. A palavra sânscrita *kundalini*, na verdade, significa "energia enrolada". A mesma ideia, expressa em termos quânticos, diz que os sentimentos nesses chakras permanecem em potencialidade até ocorrer um salto quântico repentino, que nos desperta. Assim, na hora eu imaginei que tinha tido uma experiência do despertar da kundalini. Mas fiquei desapontado pelo fato de a energia não se erguer até o chakra coronário, como descreve a literatura. Foi um despertar da kundalini? Não sei. Mas com certeza me fez consciente dos chakras; dali em diante, soube que suas energias são reais.

*capítulo 6*

# o mundo dos arquétipos

Além da mente se encontra o mundo dos arquétipos, que o filósofo Sri Aurobindo chamou de "supramental". Na verdade, essa é uma descrição incompleta desse mundo, pois o reino da experiência além da mente também vai além das energias vitais que sentimos. Da mesma forma, podemos representar esses arquétipos em sentimentos, que chamamos de sentimentos nobres. Logo, o supramental também é supravital, e ambos proporcionam contextos realmente interessantes para o nosso pensamento mental e o nosso sentimento vital. Com efeito, deveríamos chamar esse reino de mundo supramental/vital.

As intuições são um vislumbre desse mundo supramental – o mundo arquetípico do amor, da beleza, da verdade, do bem, da justiça, da plenitude, da abundância e do *self*. A menos que aprendamos a ser sensíveis à sutileza das intuições, não poderemos explorar de fato esse mundo supramental. Quando nos tornamos sensíveis e prosseguimos, porém, damos início ao processo criativo. Quando seguimos nossas intuições até a essência de um arquétipo, fazemos nossa própria representação mental de nosso *insight* no arquétipo e a transformamos num produto que os demais podem apreciar. Dou a isso o nome de "criatividade fundamental". Normalmente, porém, as pessoas interpretam criativamente os arquétipos a partir das experiências alheias — lendo um livro, por exemplo. Ao se aprofundarem, elas obtêm um *insight* secundário sobre o arquétipo naquele contexto, proporcionado por essa experiência indireta. Isso é o que chamo de "criatividade situacional". Na criatividade situacional, tentamos resolver um problema mantendo-nos no mesmo nível em que o problema foi criado.

## Arquétipos e intuição

A visão de mundo quântica pressupõe que todos os mundos de possibilidades quânticas dos quais fluem nossas experiências estão localizados dentro da consciência, na forma do inconsciente. Temos quatro mundos da potencialidade dos quais provêm nossos quatro tipos diferentes de experiências manifestadas (ver Figura 5). Evidentemente, o mundo físico é aquele no qual estamos mais conscientes. Nossas experiências sensoriais advêm de nossas reações físicas a potencialidades que chamamos de estímulos físicos. Mas de onde vêm os nossos sentimentos? Eles não vêm do mundo físico. Originam-se do movimento de energias no mundo da potencialidade vital. Claro que o físico pode influenciar o vital pela intermediação da consciência. E o vital também influencia o físico pela intermediação da consciência. Assim, esses mundos potenciais são mundos paralelos, interativos. O pensamento vem do mundo da potencialidade mental. Quando a consciência faz uma escolha entre possibilidades de significado, temos um pensamento. No mundo potencial dos arquétipos, porém, os objetos de possibilidade são arquétipos.

Os arquétipos podem ser objetos de possibilidade, ondas de possibilidade? Na verdade, eles são objetos multifacetados. Essa é a razão pela qual descobrimos tantas facetas diferentes do mesmo arquétipo em situações distintas. Há apenas uma exceção: o arquétipo da verdade. A verdade é absoluta. O mundo arquetípico é um mundo da verdade. E por que a verdade não é multifacetada? Porque o universo precisa ser criado com um conjunto fixo de leis altamente refinadas. Assim, todos os objetos do domínio arquetípico, todos os arquétipos, têm o "valor da verdade". É por isso que, numa experiência criativa, sempre sabemos *com certeza* o que sabemos.

E quando nós, como consciência não local, escolhemos determinada faceta dentre as possibilidades arquetípicas, experimentamos uma intuição. Mas nosso corpo físico não tem capacidade para representar imediatamente a experiência intuitiva – ou seja, para criar uma memória direta dela. Assim, fazemos uma representação mental da intuição. O cérebro é capaz de criar uma memória dessa representação mental de modo que possa acontecer aquilo a que chamamos mensuração quântica. Quando recordamos uma experiência intuitiva, na verdade estamos nos lembrando de uma representação mental da intuição.

Quando exploramos a intuição, estamos explorando o que há de mais avançado na evolução. Do ponto de vista da consciência, a evolução não é a evolução da matéria, como acreditava Darwin. É a evolução das representações materiais da consciência e de suas potencialidades sutis (ver Figura 8). O vital é representado primeiro – a evolução da vida, desde uma célula singela até os seres humanos. Depois, com o advento do neocórtex, a mente pode ser representada. Antes do advento do neocórtex, os animais tinham mente, mas experimentavam-na fazendo representações com seus sentimentos. De modo similar, em nosso estágio evolutivo, representamos arquétipos com a mente e as energias vitais, e depois com o cérebro e os órgãos do corpo, respectivamente.

Quando somos visitados por um arquétipo supramental, como numa experiência intuitiva, ele chega até nós por intermédio da mente. A mente confere significado à experiência arquetípica e o cérebro, o neocórtex, faz uma representação do significado mental. Aqui, a representação significa apenas memória – uma memória do significado mental. Quando essa memória é acionada, a mente reproduz o significado. No devido tempo, evoluiremos a ponto de poder incorporar diretamente os arquétipos.

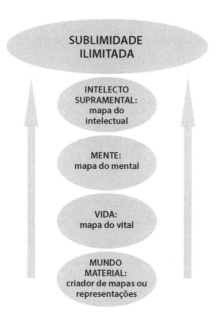

Figura 8. A evolução da vida como evolução da criação de representações de potencialidades sutis.

## Evolução quântica

Vamos falar mais sobre o processo de evolução através de uma lente quântica. A matéria constrói formas complexas numa hierarquia simples — desde partículas elementares até átomos, moléculas e matéria plena. O fluxo causal é único, de baixo para cima — e tudo isso ocorre na potencialidade. Então, moléculas de matéria formam uma hierarquia entrelaçada de dois componentes — nem de baixo para cima, nem de cima para baixo, mas ambos parceiros em uma causação circular. Quando essa hierarquia entrelaçada em possibilidade se combina com a matriz vital da vida, a consciência reconhece a combinação e a vida começa com o colapso consciente.

Figura 9. Como o colapso quântico cria a vida e seu ambiente.

Desse modo, numa célula viva, as macromoléculas de DNA e de proteína são as moléculas que formarão uma hierarquia entrelaçada de causalidade circular — o DNA é necessário para formar proteínas, mas a proteína é necessária para criar o DNA. A causalidade circular parece ocorrer num sistema autocontido. Essa é a base da autogeração da vida que o biofilósofo Humberto Maturana chama de "autopoiese". Assim, a consciência é representada na célula de forma rudimentar; ela se identificou com a célula e se percebe como algo separado do ambiente – de todas as outras moléculas ao seu redor (ver Figura 9).

De início os seres vivos só fazem representações do vital. Embora a consciência celular possa sentir, o *self* que sente é bem primitivo. Conforme a evolução avança, representações cada vez melhores das energias vitais tomam forma, e órgãos cada vez melhores são manifestados concretamente para realizar funções biológicas. Assim, passamos de uma única célula para múltiplas células, para vertebrados, mamíferos, primatas e humanos. Em algum ponto dessa jornada dá-se a evolução do neocórtex. O neo-córtex é suficientemente complexo para criar um *self* individual pensante muito mais sofisticado do que o *self* celular. Noutras palavras, ele contém uma hierarquia entrelaçada mais sofisticada.

Esse *self* tem acesso tanto aos sentimentos vitais como ao significado mental, pois o significado mental está representado no neocórtex. E com o progresso da evolução, a mente pode atribuir significado não só àquilo que houve antes dos estímulos sensoriais e dos sentimentos vitais, mas agora também à própria mente – ao próprio significado –, e até aos arquétipos supramentais que só serão representados na matéria num estágio posterior da evolução. E sempre que a mente atribuir significado, o cérebro fará uma representação desse significado, desse pensamento específico (ver Figura 10).

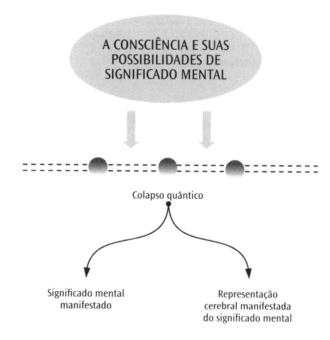

Figura 10. Quando uma onda de possibilidade de significado colapsa como um pensamento mental, o cérebro faz uma representação desse pensamento.

## Da experiência ao arquétipo

Agora, vamos voltar ao paralelismo psicofísico mostrado na Figura 5. No alto, temos a consciência – a consciência não local. Esse é o domínio da potencialidade, que contém quatro tipos de possibilidades: físicas, vitais, mentais e o supramental. O colapso a partir de um desses quatro tipos de possibilidades pode gerar quatro tipos de experiência: sensações, sentimentos, pensamentos e intuições.

Como exemplo, vamos supor que você conheceu uma pessoa e se sentiu atraído por ela. No início, você vê o corpo físico, que é uma imagem sensorial. Mas você também pode ter um sentimento nos chakras inferiores – um sentimento sexual, experimentado na forma de emoção. Ao mesmo tempo, pode surgir uma intuição: Eu gostaria de explorar o arquétipo do amor por meio dessa pessoa. Isso se traduz como um pensamento: Eu gostaria de conhecer essa pessoa. Perceba que a mente atribui significado ao sentimento sexual. Mas ela também representa a ideia intuitiva, que é bem diferente: eu gostaria de explorar o amor com essa pessoa. Parte dessa ideia costuma ficar oculta, mas ainda pode ser o começo de uma exploração do amor, pois a intuição gera um sentimento adicional, um pressentimento, de que existe alguma coisa ali que merece a sua atenção. Dessa forma, o mesmo estímulo físico leva a todos os quatro tipos de experiência. A consciência medeia as interações das diferentes potencialidades sempre que necessário. Ela também escolhe e causa o colapso de cada uma dessas experiências.

Portanto, a intuição é o começo da criatividade. Se você der prosseguimento ao pensamento intuitivo (eu gostaria de conhecer essa pessoa), isso pode envolver a exploração criativa do arquétipo do amor. Qual será a primeira coisa a acontecer se você der prosseguimento a essa intuição? Você talvez pense: Como posso conhecer essa pessoa? Logo a seguir, você examina seus sentimentos e descobre que há um sentimento sexual envolvido. Isso é apenas o circuito do cérebro. Mas então você se lembra de que havia mais alguma coisa – você pressentiu algo, revelando o envolvimento do chakra cardíaco. Esse sentimento no chakra do coração é uma escolha retardada que antecedeu a experiência do pressentimento. Mas você não foi sensível a ele – talvez por força do hábito, talvez por medo.

Geralmente, nossas experiências dos chakras são substituídas pelas experiências do cérebro. Contudo, se aprendermos a ser sensíveis, ficaremos cientes de que o chakra cardíaco reage como se estivesse vibrando. Ou formigando. Ou se expandindo. E é aí que damos aquela segunda olhada. Olhamos novamente para confirmar. E, dessa vez, a experiência é bem diferente. Dessa vez, estamos sensíveis ao coração. E percebemos que há, definitivamente, alguma coisa ali. E com isso sentimo-nos motivados a ir em frente.

Como devemos prosseguir? Geralmente, o sentimento predominante será a união física, que é possível porque o sistema imunológico das duas pessoas envolvidas, na forma de sua glândula timo, o mais importante órgão do chakra cardíaco, está cooperando. A distinção "eu-não eu" foi suspensa. Mas há ainda um componente cerebral. Os circuitos sexuais do cérebro têm um papel muito importante, criando muitas moléculas de endorfina e sentimentos de prazer. O prazer torna-se uma das maiores motivações. Infelizmente, essas moléculas de prazer, essas substâncias neuroquímicas, acabam se esgotando, cedo ou tarde. Para alguns, isso acontece bem depressa; para outros, o processo é mais gradual.

Depois que as substâncias neuroquímicas se esgotarem, você terá de fazer uma escolha: se quiser explorar o amor, terá de tomar a decisão de ir em frente. A escolha de ir em frente significa um comprometimento. Se você optar pelo comprometimento em vez de sair de cena, vai começar a explorar o amor incondicional. Esse comprometimento é uma parte muito importante da criatividade. Você precisa se manter na exploração. Saltos quânticos criativos não podem ser dados apenas por força do desejo. Eles são descontínuos. Portanto, nada do que você fizer com continuidade poderá lhe garantir um pensamento ou um pulo – um salto criativo. Por isso é que, em muitas culturas, esse comprometimento conduz a um acordo social chamado casamento. Hoje, cada vez mais culturas acolhem até casais gays que desejam se comprometer tanto legalmente, por meio do casamento, como romanticamente, em seu compromisso de explorar o amor incondicional. O movimento evolutivo da consciência livrou-se de um tabu ancestral das sociedades humanas para acelerar a exploração do amor. Por isso, consideramos o casamento uma parceria – uma parceria comprometida. Dentro dessa estrutura de comprometimento, o processo criativo pode começar para valer, com foco.

Mas é preciso ter cuidado: se o contexto arquetípico de um relacionamento de compromisso ficar importante, isso pode afetar o grau de dificuldade da jornada criativa. No caso de outro ser humano com quem você está explorando o amor, o contexto é claramente arquetípico. Porém, no caso de um relacionamento de negócios – como a relação com um cliente –, o contexto arquetípico já está representado na forma de expectativas predeterminadas, ou até contratuais. Esse tipo de contexto conhecido provoca aquilo que chamamos de criatividade situacional. No entanto, quando você inicia a exploração do amor num relacionamento humano, a criatividade situacional não vai funcionar, pois ela limita as suas possibilidades de criar sobre o amor. Se você agir dentro das normas sociais do comportamento conjugal, em pouco tempo irá se organizar e viver o amor segundo essas regras. Isso não é criatividade; na melhor hipótese, é criatividade situacional. A oportunidade presente num relacionamento de comprometimento é que você pode explorar níveis mais profundos do amor sem representar papéis, sem expectativas sociais, até sem a expectativa da sexualidade. Portanto, nos relacionamentos humanos a exploração do amor deve sempre ser tratada na perspectiva da criatividade fundamental.

Mas como devemos explorar os relacionamentos de negócios, a solução de problemas ou o desenvolvimento de produtos? Por meio de *brainstorming*? Se é assim, o que decide a ocorrência de um *insight* – de um salto quântico? Lembre-se de que a criatividade, tal como a estudamos até agora, é mental. É a descoberta de novo significado. E esse novo significado pode ter uma nova aplicação nos negócios. *Insights* sempre surgem para um indivíduo, mas a presença de um grupo pode criar uma intenção mais forte e um melhor acesso à consciência quântica. Por isso, o *brainstorming* pode ser eficiente para tomar decisões de negócios ou para obter *insights* criativos, desde que as pessoas que participam da sessão estejam sintonizadas umas com as outras.

Mas os contextos arquetípicos dos relacionamentos humanos não podem ser explorados se nos mantivermos dentro de antigos contextos e significados. Eles exigem criatividade fundamental, que nos leva para além do nível no qual a situação foi criada. Ninguém pode lhe dizer como amar incondicionalmente. Tudo que outras pessoas podem lhe dizer é o que deu certo no caso delas. E se você pensar bem, isso nunca vai funcionar no seu caso, pois sua situação é bem diferente. Portanto, você precisa mesmo olhar diretamente para o próprio arquétipo a fim de aprender o que implica o amor incondicional no seu contexto específico. E é isso que chamo de exploração da criatividade fundamental.

## Contextos arquetípicos

Ao examinar o significado no contexto de seu arquétipo, você também pode explorar sua consciência. A exploração de um arquétipo implica uma boa dose de exploração do *self*. E esta envolve a criatividade interior. Aquilo que você explora é o arquétipo – o nível de consciência mais sutil que conhecemos. Aquilo que você cria não só é o significado, mas é também o contexto arquetípico. Você faz a representação do arquétipo no seu ser. De certo modo, você encontra sua própria versão pessoal do arquétipo – a versão pessoal que vai ditar seu próprio comportamento. Quando você consegue isso, torna-se uma pessoa original.

Veja, por exemplo, o caso do amor. Mesmo na exploração da criatividade em geral, podemos fazer do amor uma parte crucial. *E isso será melhor para todas as suas explorações.* Podemos tentar explorar todos os arquétipos com o amor sempre presente no pano de fundo. Muitas tradições espirituais fazem isso, pois o amor é um dos arquétipos fundamentais. Suponha que queiramos explorar outros arquétipos – a beleza, o bem, a abundância. A criação da abundância interessa a muita gente em nossa sociedade. Mas você consegue imaginar o impacto da exploração da abundância tendo o amor como pano de fundo? Nunca iríamos buscar a abundância de modo a prejudicar outras pessoas ou à custa delas. Ficaríamos automaticamente sensíveis ao ecossistema e à ética. Focalizaríamos algo muito importante que falta hoje em nossa exploração dos arquétipos, especialmente na religião e na política.

> Sabedoria da tirinha *The Wizard of Id*:
> O mago diz a um amigo: "Estou trabalhando num modo de eliminar bactérias resistentes a antibióticos".
> O amigo, que o está observando, exclama: "Puxa, funcionou!".
> O mago diz: "Sim, aniquilei todas elas".
> "Como você conseguiu isso?", perguntou o amigo.
> "Eu as apresentei à religião e à política."

Imagine que você está na faculdade e quer escolher uma carreira. Você procura uma ocupação que lhe fará sentir a abundância, sentir-se rico. Como você pode ganhar mais? Porém, como estudante, você também quer ser criativo, quer se tornar alguém. Você também quer ter algumas intuições e usar a criatividade para decidir que carreira irá explorar. Com todas essas expectativas e metas materialistas, como o arquétipo do amor pode ajudá-lo a obter o que deseja?

Bem, vamos examinar o que está acontecendo aqui. Ao buscar a abundância apenas no plano material (dinheiro), você já se limitou à criatividade situacional. Assim, o amor fica excluído desde o começo. Se você busca a abundância sem o contexto do amor, pode acabar se decidindo por trabalhar como corretor de investimentos em Wall Street. Mas se busca a abundância com o pano de fundo do amor incondicional, pode criar uma empresa ecológica, um negócio sustentável ou uma companhia útil para a sociedade.

Esse é o ponto crucial. Se você escolhe o dinheiro como representação da abundância – se escolhe a informação em vez do significado como base de sua busca criativa –, então a melhor profissão para você seria corretor de investimentos. Mas se fizer sua escolha num contexto arquetípico em lugar de fazê-la em termos da representação material do dinheiro, verá que o dinheiro não é a única forma de abundância. Você pode ser abundante em amor. Pode encontrar abundantes significados em sua vida. Assim, o contexto arquetípico da abundância muda a equação para você, e você se sentirá atraído para arquétipos como o amor, pois a abundância vai incluir essas energias.

Há diferenças muito importantes entre as situações nas quais usamos o materialismo científico para nos guiar e aquelas nas quais usamos uma filosofia da consciência muito mais geral para nos orientar. No materialismo científico, o significado não é encorajado. Em seu lugar, estimula-se a informação. A era digital, com efeito, deu-nos a falsa impressão de que tudo é apenas informação. Assim, quando alguém tenta levar o amor a uma escolha de carreira, o resultado serão representações do amor provenientes de toda a internet, que são apenas informações — informações sem significado. É assim que a busca materialista trata não só o valor arquetípico, mas o valor do significado. Ela enfatiza somente o mais básico valor informativo. É por isso que a inovação, toda a cultura de inovação dos negócios que antes era evidente no mundo todo, está sofrendo agora.

Mas será o amor o único arquétipo a acionar a criatividade? Ou há outras forças que conseguem ativá-la? Toda intuição é um arquétipo chamando por nós para explorá-lo. Assim, qualquer arquétipo pode provocar a criatividade. Como vimos antes, o arquétipo da abundância pode levar naturalmente ao arquétipo do amor. E pode levar também ao arquétipo da bondade. Para um artista, o arquétipo da beleza pode ser a atração inicial, e isso pode levar ao arquétipo do amor; pode resultar numa arte que não só representa a beleza, mas também o amor. E é esse o tipo de arte que todos cobiçamos.

## Amor, *self* e plenitude

Com certeza, o amor é o arquétipo mais onipresente e almejado. Mas será o mais fundamental, o mais importante? Na verdade, os arquétipos fundamentais que contribuem para o nosso reino da consciência são três. O primeiro é o amor. O segundo é o *self*. O terceiro é a plenitude. O amor é o mais atraente, e a maioria das pessoas vê desde cedo a necessidade de investigá-lo. Mas, à medida que crescemos psicologicamente, começamos a ver a importância do arquétipo do *self*. Quando ficamos psicologicamente mais maduros, defrontamo-nos com as limitações do *self* ou do ego e começamos a nos perguntar se podemos ir além dessas limitações. Mesmo que ainda não estejamos interessados em coisas como a iluminação, no sentido das tradições espirituais, começamos a fazer perguntas básicas sobre o potencial humano. Começamos a explorar a possibilidade de expandir nossos horizontes.

Mais ou menos no mesmo período ficamos cientes do arquétipo da plenitude. Quando você não está pleno, quando está doente, por exemplo, pode olhar para a doença como uma espécie de sofrimento – como uma inconveniência. Então vai ao médico e pede a ele que o cure. O médico pode prescrever alguns comprimidos ou tentar outra solução rápida, mas é tudo. Em algum ponto de seu processo de amadurecimento, porém, você vai começar a perceber que estar curado não é a mesma coisa que ter saúde. Curar a doença não fará necessariamente que você se sinta bem. Nesse ponto, você pode se interessar pela saúde como plenitude integral – a saúde vista não apenas como a ausência do sofrimento, mas como a otimização do bem-estar. Então você estará pronto para explorar o arquétipo da plenitude.

Se o amor, o *self* e a plenitude são arquétipos fundamentais, cruciais, por que não representam um papel maior em nossa experiência? Na história recente, parece que deixamos de lado a importância desses arquétipos, primeiro por conta de uma visão de mundo religiosa que interpretou falsamente o arquétipo da plenitude. As religiões tendem a dividir o mundo em espiritual e material – justamente o oposto da falácia materialista. Ignoram nosso bem-estar exterior em prol de nosso bem-estar interior. Os materialistas escolhem a representação material da abundância; os espiritualistas escolhem a representação espiritual da abundância. Nenhum reconhece a plenitude.

105

A visão de mundo espiritual tem nos guiado há milhares de anos, e algum bem resultou disso. No entanto, há quatrocentos anos, quando a ciência moderna entrou em cena, fizemos um acordo holístico. Sob o nome de filosofia do modernismo, valorizamos tanto a matéria como a mente, a espiritualidade e o materialismo, combinando-os numa visão de mundo dualista que manteve separadas a mente e a matéria. Essa visão de mundo nos proporcionou instituições como democracia, capitalismo e educação liberal, e teve um impacto imenso sobre o desenvolvimento da civilização humana. Com efeito, a visão de mundo quântica nada é senão uma forma integrada de modernismo. Algumas pessoas chamam-na de modernismo transcendente, ou *transmodernismo*. Essa visão de mundo integra, dentro da consciência, a dualidade mente e matéria do modernismo. Infelizmente, em vez de ir diretamente do modernismo para a visão de mundo quântica, saímos da rota e entramos no materialismo científico – um erro infeliz para a humanidade.

O filme recente *O lobo de Wall Street* baseia-se na história real de um corretor de investimentos chamado Jordan Belfort que começou a vida muito pobre. Graças a algumas mutretas ele ficou bastante rico. No final, porém, foi processado pelo FBI e preso. Após passar um tempo na cadeia, ele se tornou professor de autocrescimento e cura. Porém, mesmo quando estava fazendo muitas coisas erradas, Belfort tinha brilho. Tinha bons instintos básicos em seu íntimo, e precisava apenas do sofrimento como catalisador para despertá-lo para o arquétipo da bondade.

Quando criamos o mal em nossa vida, ele geralmente proporciona o trampolim para uma transição muito difícil, algo que nos causa confusão. Essa é a beleza da vida. Não podemos dizer que haja qualquer coisa totalmente sem sentido na vida; ela sempre tem algum sentido, pois sempre tem a capacidade de nos ensinar alguma coisa. Se estivermos abertos, podemos aprender com as experiências negativas que o materialismo científico nos proporcionou, usando-as como trampolim para explorações realmente satisfatórias e inovadoras dos arquétipos.

*capítulo* 7

# o ego e o *self* quântico

O *self* que experimentamos habitualmente chama-se ego. A consciência que consegue ficar presa ao cérebro hierarquicamente entrelaçado na forma do *self* não é o ego, pois não tem memória, nem condicionamento, nem personalidade. A personalidade do ego, por outro lado, é fruto de condicionamento. Mas como o condicionamento entra na visão quântica do *self*?

A experiência do ego-*self* dá-se em dois estágios. O primeiro é resultado do colapso da hierarquia entrelaçada, como expliquei antes. É a esse que damos o nome de *self* quântico. Se apenas um colapso, ou escolha, tivesse de acontecer, seria o da extensão do *self*.

Mas sempre que surge um estímulo e ocorre uma nova resposta, o cérebro gera uma memória do evento. E sempre que um estímulo se repete, a consciência reage não apenas ao estímulo primário (a resposta do *self* quântico), como também às respostas secundárias armazenadas na memória. É esse reflexo cumulativo de eventos no espelho da memória que produz o condicionamento. O *self* dessa resposta condicionada é o ego.

Antes que se dê o condicionamento, o sujeito que experimenta o mundo, ou *self*, é unitivo – um sujeito para todos.

Podemos também chamá-lo de cósmico. A experiência nesse nível de *self* é muito especial — sentimo-nos um com tudo.

Vemos coisas novas sempre que vamos a lugares diferentes, mas talvez não sintamos nada de especial ao vermos uma nova cachoeira ou um novo rio. É que já vimos cachoeiras e rios antes, e nossa mente ficou saturada. Se alguém nunca viu uma cachoeira, a experiência pode ser espetacular. Mesmo assim, algumas pessoas podem deixar escapar a imediação da experiência, pois sua mente fica ocupada comparando a cachoeira com experiências passadas similares ou com a ideia que tinham do que seria a experiência.

É por isso que poetas e místicos nos incentivam a nos concentrarmos no presente — a ver tudo como se fosse a primeira vez, a experimentar sem o fardo das lembranças passadas e das projeções futuras. Quando fazemos isso, operamos a partir do *self* quântico. Em contraste, as reações do ego são reações saturadas, nas quais nos sentimos separados. Nas reações do ego, perdemos aquela qualidade extramundana de unidade, de não separação.

Além disso, há outras diferenças entre o ego e o *self* quântico. As experiências do *self* quântico não têm ascendência, não contêm um traço identificador de memórias prévias. Logo, essas experiências têm a mesma espontaneidade "viva" para todos. É por isso que o *self* quântico pode ser chamado de *self* cósmico. A identificação com o padrão condicionado das respostas a estímulos (hábitos do caráter) e as lembranças de reações passadas conferem às experiências do ego-*self* uma aparente individualidade local. Noutras palavras, as experiências do ego são diferentes para cada um de nós.

Mas o condicionamento não define completamente o ego. No ego, temos também a capacidade de nos manter conscientes sobre nossas próprias experiências passadas. Usando essa capacidade, reconstruímos nossas memórias de modo a nos servirem em diversas situações. Noutras palavras, criamos máscaras ou personalidades para nós mesmos. Em algum ponto do processo, tornamo-nos o mais importante de todos os programas diferentes que operamos para nosso funcionamento. Tornamo-nos uma hierarquia simples. E experimentamos isso como uma função de nossa própria unicidade e importância.

Quando operamos a partir do ego, nossos padrões individuais de condicionamento, nossas experiências – que são previsíveis – adquirem a aparência de continuidade causal. Em contraste, a experiência do *self* quântico é bem descontínua. Ademais, nossa individualidade física é tanto estrutural quanto funcional. Mas nossas individualidades, vital e mental, são sutis. São puramente o resultado de condicionamentos e, portanto, são puramente funcionais. Somos todos potencialmente capazes de acessar todas as possibilidades dos mundos vital e mental; como adultos, porém, geralmente não o fazemos. Por um motivo: não temos tempo suficiente. Em vez disso, identificamo-nos com um conjunto condicionado de padrões aprendidos com os quais exploramos os mundos vital e mental. Damos a esses padrões funcionais individuais os nomes corpo vital e corpo mental, respectivamente. A identidade consciente que experimentamos com nossos corpos físico, vital e mental, junto com suas memórias de conteúdo correlacionadas, é o que contém o nosso ego.

## Limites e risco

Depois de nos identificarmos com o ego, tornamo-nos determinados e previsíveis. Se é assim, como podemos ser livres? Como podemos nos transformar? Como podemos escapar do jugo do ego?

A essência do condicionamento revela que, à medida que a consciência se identifica mais e mais com o ego, há uma perda equivalente de liberdade. No limite infinito do condicionamento, essa perda de liberdade seria absoluta. Nesse estágio, a única escolha que nos resta, em termos metafóricos, é entre alternativas condicionadas. Essa não é a verdadeira liberdade. Num mundo de condicionamento infinito, quem manda é o behaviorismo. É o chamado "limite de correspondência", em que qualquer nova ciência prevê os mesmos resultados que a ciência antiga. Essa é uma característica paradoxal de qualquer paradigma novo. Se o paradigma estiver correto, tem de haver um limite de correspondência. Portanto, em algumas condições limitadoras, o novo paradigma deve se comportar aproximadamente como o velho!

Mas nunca chegamos tão longe no caminho do condicionamento; não vivemos tanto tempo. Mesmo em nosso ego-*self*, mantemos certa liberdade. E um aspecto muito importante da liberdade que mantemos é a liberdade de dizer "não" ao condicionamento, e com isso podemos ser criativos de vez em quando. Essa é a essência da tomada de riscos.

A tomada de riscos é libertadora porque, de certo modo, é o *self* quântico operando dentro de você. Por isso, nunca devemos ter medo do risco. E há dados experimentais a apoiar o que estou dizendo. Na década de 1960, os neurofisiologistas descobriram o potencial relacionado a eventos P300, que sugeria nossa natureza condicionada. Suponha, como demonstração de seu livre-arbítrio, que você declare a liberdade de erguer o braço direito e comece a fazê-lo. Uma máquina de EEG ligada a seu cérebro por meio de eletrodos vai gerar uma onda P300 que permite ao neurofisiologista prever que você vai levantar o braço. Logo, ações de "livre-arbítrio" que podem ser previstas não são exemplos de liberdade real.

Será que os behavioristas estão certos ao afirmar que não existe livre-arbítrio para o ego-*self*? Será que os místicos estão certos quando dizem que o único livre-arbítrio é a vontade de Deus, à qual devemos nos submeter? Isso gera outro paradoxo: Como podemos nos submeter à vontade de Deus se não temos a liberdade de fazê-lo?

O neurofisiologista Benjamin Libet fez um experimento que resgata um mínimo de livre-arbítrio, até mesmo para o ego-*self*. Libet pediu que seus sujeitos parassem de levantar os braços assim que percebessem a intenção de levantá-los. Ele conseguiu identificar uma lacuna de 200 milissegundos entre os dois eventos – entre o pensamento e a ação. Ele ainda poderia prever que o braço seria levantado por causa da onda P300, mas, na maioria dos casos, os sujeitos de Libet puderam resistir e não levantaram os braços, demonstrando que ainda preservavam o livre-arbítrio para dizer "não" à ação condicionada de levantar o braço.

Quando compartilhei essa informação sobre os dados de Libet com um amigo, ele disse que ficou contente em saber, mesmo em seu ego, que tinha o livre-arbítrio para dizer "não" ao condicionamento, pois antes ele fumava. Quando tentou parar, quando apareceram todos os avisos de saúde e proibiram fumar em lugares públicos, ele descobriu que conseguia interromper a tendência a acender um cigarro — mas nunca por muito tempo. Passaram-se anos até que ele reduzisse o fumo a níveis socialmente aceitáveis, mantendo um conforto interior. "E ainda tenho a tendência a acender um cigarro de vez em quando", disse-me. "Se temos o livre-arbítrio para dizer 'não' ao condicionamento, por que é tão difícil largar um vício?"

Meu amigo lembrou algo importante, algo que nos levará ao tema da criatividade e da formação da intenção — na verdade, à ciência da manifestação como um todo — no próximo capítulo. Vou encerrar este capítulo com um exemplo de ação do *self* quântico e um da ação do *self* ego. Mais uma vez, quem conta a história é o zen:

> Dois monges estavam prestes a atravessar um rio enlameado. Embora a correnteza estivesse deixando o rio sujo, ele não era muito profundo e podia ser atravessado em pé. Nesse momento, aparece uma jovem trajando um belo quimono, que chegava até seus tornozelos. Naturalmente, a jovem estava hesitante em entrar no rio, pois sua roupa se arruinaria. Um dos monges pediu licença para carregá-la. Ela concordou, ele atravessou o rio e colocou-a no chão. A jovem agradeceu e seguiu seu caminho. Pouco depois, o outro monge chegou até onde estava o primeiro e ambos continuaram a andar.
>
> Cerca de uma hora depois, o segundo monge disse: "Irmão, você fez algo muito errado antes, como sabe. Nós, monges, não devemos tocar em mulheres, muito menos carregá-las durante o tempo que você levou para atravessar o rio — foram cinco minutos, e você a segurou bem próximo".

O primeiro monge disse: "Irmão, eu a carreguei por cinco minutos, mas você ainda a está carregando".

O primeiro monge fez um ato de bondade, respondendo à intuição de que a jovem precisava de ajuda. Quando respondemos à nossa intuição, agimos a partir do *self* quântico. O segundo monge estava pensando com o *self* ego condicionado e com a mente julgadora. Por isso sofreu.

*capítulo* 8

# livre-arbítrio e criatividade

Nas minhas viagens, perguntam-me frequentemente como é possível viver a visão de mundo quântica. Uma pergunta bem comum diz respeito a como nos mantermos centrados no presente. A causação descendente é a capacidade causal da consciência que nos permite escolher a experiência que teremos a partir das possibilidades quânticas. Mas escolhemos isso no momento ou será que aquilo que está acontecendo num dado momento é algo que escolhemos ou criamos no passado? Ou é ainda algo que escolhemos desde aquilo que antecipamos que vai ocorrer no futuro? A verdade é que temos a tendência ao condicionamento, um dos problemas de sermos humanos e querermos realizar nosso potencial. Temos um auxiliar perceptivo e operacional chamado cérebro que armazena memórias, e quando essas memórias interferem em nossas percepções, as reações do passado influenciam nossas reações atuais. Além disso, temos a tendência a projetar o futuro a partir das mesmas memórias, e isso também influencia nossa experiência presente. Como disse o grande poeta romântico Shelley,

> *Vivemos antes e depois*
> *E sofremos pelo que não existe*

Essa falta de foco sobre o presente não seria tão má se não interferisse em nossa criatividade. Ser criativo é escolher no momento, mas é um desafio no sentido de que precisamos transcender o ego condicionado para cair na iminência do ser. Isso exige um processo. Sem o processo criativo, a consciência tende a sucumbir ao cérebro e só experimenta objetos e eventos por meio de seus reflexos na memória.

Noutras palavras, a criatividade não é fácil enquanto você não compreende a sua sutileza. Pois a criatividade envolve um processo que inclui preparação e algum processamento inconsciente. Só então pode ocorrer um salto desde o ego até um *insight* criativo descontínuo. Normalmente, os pensamentos são apenas partes de memórias e projeções repetidas; portanto, são contínuos. Só depois de surgir um novo *insight* descontínuo é que você pode manifestar um produto que todos enxergarão como novo — um novo poema, uma nova tecnologia, uma nova canção ou um novo *você*.

Se você quer mudar sua vida hoje — torná-la radicalmente diferente amanhã —, vai precisar do processo criativo. Esse processo exige a capacidade de responder sem recorrer a memórias passadas. Exige também intenção coesiva e propósito. Você precisa despertar para o fato de que não é uma máquina respondendo aleatoriamente a eventos fortuitos no mundo. Na verdade, você é uma consciência incorporada e dotada de propósito.

O universo tem um propósito; ele se desenvolve a fim de fazer representações cada vez melhores do amor, da beleza, da justiça, da verdade, da bondade — de todas essas coisas que Platão chamou de arquétipos. Quando desperta para esse propósito, você ganha foco. Se não se sintonizar com a intencionalidade do universo, tudo vai parecer sem sentido e você corre o risco de se tornar hedonista — vai explorar coisas prazerosas e evitar coisas dolorosas. Sua vida será movida por sonhos comuns — uma casa grande, um carro caro e outros prazeres físicos e materiais. Mas o verdadeiro sonho americano trata da busca da felicidade, e não do prazer. Qual a diferença? Prazer em excesso sempre termina em dor. Porém, alguma vez você sentiu felicidade em excesso?

## Liberdade e intenção

Esquecemo-nos de que buscamos a vida, a liberdade e a felicidade. E a liberdade, em última análise, inclui a liberdade criativa. Sem a liberdade criativa, ela significa muito pouco. Se a liberdade se limitar simplesmente à liberdade de escolher o sabor do sorvete que quero, posso passar sem ela. Não me importo de comer sorvete de chocolate todos os dias. Mas parece que perdemos contato com a necessidade da *liberdade criativa*. Hoje estamos diante de crises que vão exigir inovação e criatividade para serem solucionadas. Então as pessoas estão falando novamente sobre criatividade. Mas precisamos fazer mais do que falar. Precisamos de uma mudança de paradigma, uma mudança fundamental na visão de mundo; conseguir nos livrar de uma visão de mundo míope e muito materialista para começar a viver num mundo quântico, o mundo real.

Com frequência as pessoas me dizem que querem mudar. Mas fazer mudanças não é simples. Não somos máquinas materiais. Não podemos simplesmente apertar um botão ou fazer alguns ajustes e invocar a mudança. Somos seres humanos e nossa criatividade – nossa capacidade de criar mudança – mantém-se latente quando sucumbimos ao nosso condicionamento, quando limitamos nossa vida a responder mecanicamente àquilo que ocorreu no passado.

Para fugir do condicionamento temos de prestar atenção em nossas intuições; precisamos aprender a arte da *intenção*. Além disso, precisamos de processamento inconsciente, que exige uma preparação focada e determinada, bem como paciência antes de tudo. Temos de dar tempo para que as coisas se fixem no inconsciente a fim de chegar a novos *insights*. Mesmo quando temos um *insight* descontínuo – um pensamento que nunca ocorreu antes –, devemos manifestar esse *insight* no mundo.

Essa nova manifestação muda a nossa perspectiva, e representa um tremendo passo para a transformação do modo como entendemos as coisas no mundo. Isso não é fácil. Por outro lado, também não é difícil.

Temos dados experimentais que mostram o poder da intenção — dados que a maioria dos cientistas ignora. Mas a ciência é muito segmentada hoje, e cada campo ou disciplina opera dentro dos limites de suas próprias premissas. A psicologia tornou-se uma ciência quase que inteiramente behaviorista e cognitiva, no que concerne ao mundo acadêmico. Biologia é química, dizem os biólogos, menosprezando coisas como a intenção humana. A física — com exceção da física quântica e sua interpretação baseada na consciência — passa por cima do poder da consciência e da intenção em nome das leis e forças mecânicas.

Ironicamente, cabe a não cientistas como Lynne McTaggart (*O experimento da intenção*, 2007) fazer algo para provar a eficácia causal de nossas intenções. Cientistas ligados ao antigo paradigma continuam a ignorar os dados anômalos da parapsicologia, enquanto os *desmistificadores* em seu meio murmuram que McTaggart não é de fato uma cientista confiável. Com efeito, há toda uma indústria de revistas e jornais que os materialistas publicam regularmente para desacreditar a parapsicologia. Exceto por esses esforços para degradá-la, a ciência convencional mal presta atenção nessa ciência em desenvolvimento, baseada na primazia da consciência.

A parapsicologia baseia-se no princípio de que a consciência faz escolhas entre as possibilidades quânticas para manifestar os eventos que experimentamos. Esse princípio é potente em possibilidades para resolvermos problemas insolúveis sob a abordagem materialista — problemas relacionados a nossa saúde, criatividade e bem-estar. É muitíssimo importante levar essa nova interpretação da física quântica diretamente à atenção do público. Por isso o ativismo quântico é crucial.

## Doença e bem-estar

Qual o papel da consciência em nossa saúde e na manifestação de doenças ou moléstias? Você está doente porque seu corpo está doente, ou está doente porque está ignorando sua consciência e o papel que ela pode ter na cura?

A alopatia — a medicina moderna baseada na ciência materialista — fundamenta-se na ideia de que temos apenas corpo físico. Portanto, todas as doenças devem estar firmadas no mau funcionamento de um órgão — como um órgão atacado por um germe. Mas isso não só é falso enquanto conceito como também entra em conflito com aquilo que vemos de fato. Há doenças, como a síndrome da fadiga crônica, que ocorrem mesmo quando todos os órgãos físicos estão funcionando adequadamente. Ainda assim, quase sempre o paciente reclama de dor. De onde vem a dor? Empírica e experimentalmente, a ideia de que o corpo físico é o único lugar de onde a doença pode se originar é, na melhor hipótese, incompleta. Na visão de mundo quântica, sabemos explicar melhor. A doença também pode vir de nossos corpos vital, mental e intuitivo. Isso também é verdade nas tradições espirituais mais antigas, que não estavam tão presas aos preconceitos materialistas que atualmente governam a ciência.

Na ciência quântica, postulamos que a consciência tem quatro compartimentos de possibilidade, cada qual responsável por um tipo diferente de experiência. Existe a experiência da sensação, na qual sentimos o físico. E há os sentimentos, por meio dos quais experimentamos as energias vitais do mundo vital. E pensamos; temos uma facilidade cognitiva mental que deriva do colapso das possibilidades quânticas de significado num mundo mental. E, finalmente, temos a experiência do mundo arquetípico — um mundo de valores espirituais que, quando sofre colapso, dá-nos a intuição. Esse é um mundo tão sutil que ainda discutimos se existe de verdade.

Portanto, vivemos num multiverso de experiências — quatro tipos de experiência, derivados de diferentes mundos de possibilidade da consciência. Na visão quântica, temos um corpo em cada um desses mundos – um corpo físico, um corpo vital, um corpo mental e um corpo intuitivo. Com efeito, até a consciência (o todo) pode ser considerada um corpo (chamado corpo causal). As tradições espirituais mais antigas chamam-na "corpo da bem-aventurança". Qualquer um desses corpos pode adoecer. Qualquer um deles pode deixar de funcionar apropriadamente ou pode ser acessado ou usado por nós de maneira indevida. Há sistemas de medicina alternativa que afirmam que a doença ocorre quando esses corpos não estão desempenhando corretamente as suas funções. Ou talvez não estejam atuando em sincronismo. Isso, dizem, aplica-se sobretudo a doenças crônicas. A menos que você remova o problema desses corpos mais sutis, a menos que restaure a sincronia e a harmonia, você não vai conseguir afastar permanentemente os sintomas físicos; eles vão voltar.

É nesse ponto que a medicina alopática se mostra completamente indefesa e sem futuro, pois cuida apenas dos sintomas físicos. Os sintomas voltam e precisam ser tratados de novo – geralmente por meio de medicamentos e procedimentos invasivos. Mas as drogas alopáticas são, na verdade, muito nocivas aos nossos corpos. São venenos, e no final podem causar problemas sérios noutras partes do corpo físico. Assim, em nome da cura, a medicina alopática usa substâncias potencialmente fatais.

A verdadeira resposta à doença crônica consiste em tratar o corpo vital por meio de sistemas de medicina do corpo vital, como a ayurveda, a medicina tradicional chinesa e a medicina mente-corpo, que levam os corpos mental e vital de volta ao equilíbrio e à harmonia dentro deles mesmos, e em sincronia com o corpo físico. Tratadas dessa forma, a dor e a doença são curadas por muito mais tempo, se não permanentemente.

Alguns dão a esses sistemas de medicina do corpo sutil o nome de "medicina vibratória" ou "medicina frequencial". Mas são expressões imprecisas. Prefiro chamá-los de medicina do corpo vital, ou medicina mente-corpo. Em meu livro *O médico quântico* (2004), apresento uma integração entre práticas de medicina alternativa e medicina alopática convencional, que remove a ambiguidade de expressões como "vibratória" ou "frequencial" nesse contexto.

A medicina do corpo vital inclui sistemas tradicionais como acupuntura, ayurveda, homeopatia e equilíbrio dos chakras. Todos esses sistemas médicos tratam o corpo vital. A medicina mente-corpo se aplica quando a causa raiz da doença está na mente.

## Mente cartesiana *versus* consciência

Desde Descartes, a mente tem sido interpretada de forma bem geral no Ocidente — geral demais, para dizer a verdade. Ela inclui a consciência. Inclui ainda aquilo que normalmente chamamos de mentação — a mente como função do pensamento. Como tanto o pensamento quanto o pensador estão incluídos nessa interpretação da mente, isso tem causado imensa confusão. Quando falo da consciência, quero dizer a consciência que inclui aquele que experimenta o pensamento, bem como o seu objeto; a mente representa o lugar onde residem os objetos do pensamento.

A mente é o lugar no qual se dá o pensamento. Em termos mais explícitos, é o compartimento da consciência com cuja ajuda a consciência escolhe o aspecto do significado do mundo. A mente ajuda a consciência a dar significado ao mundo físico e a outros objetos da consciência, inclusive a si mesma. Portanto, a mente é a doadora de significado.

Muitos pensam que a mente está contida dentro do cérebro, que ela é um produto do cérebro. Mas como isso pode ser verdade se a mente processa significado e já vimos que o cérebro é uma máquina computadora que não pode dar origem a significados? Muitos acham ainda que a mente está contida dentro do campo eletromagnético do corpo — dentro de sua aura. Mas a mente é completamente diferente de qualquer coisa material, mesmo do corpo elétrico biofísico — a aura — que, em si, é uma descoberta recente e excitante.

A mente é o domínio do significado. O matemático Roger Penrose provou matematicamente que os computadores não conseguem processar significado usando algoritmos passo a passo. Noutras palavras, é justo presumir que o significado está fora da competência do mundo material. Mas se a mente não pertence ao mundo material, é preciso haver um mundo no qual os objetos são objetos de significado. E é a esse mundo que chamo mente – um mundo que tradicionalmente era chamado assim até Descartes causar o colapso da mente e da consciência numa só coisa. Tudo que era interno tornou-se mente na terminologia de Descartes, o que causou uma enorme confusão na filosofia ocidental. Além disso, no materialismo científico a mente se traduz como algo interno do cérebro, criando ainda mais confusão.

Numa entrevista recente, uma jornalista simpática ao meu ponto de vista disse: "A maioria das pessoas tem a impressão de que o cérebro é o mecanismo pensante. Pessoalmente, creio que isso não é verdade. Creio que o cérebro é o processador do mecanismo pensante. O que o senhor pensa disso?". Bem, não tive coragem de ofendê-la. Então eu disse, de forma bastante diplomática, que estávamos usando uma linguagem bem sutil e me ofereci para reformular o pensamento, tornando-o mais preciso em termos científicos.

Expliquei que a mente atribui significados. O cérebro faz uma representação do significado mental. Depois que o cérebro representou muitos significados mentais, criando uma espécie de software, certamente é possível dizer que o cérebro pode processar significado, pois ele pode processar significados que já foram programados nele – significados para os quais ele tem o software. E frequentemente usamos esse software mental – ou seja, nossa memória – em nosso pensamento. No geral, não atribuímos novos significados àquelas que são, virtualmente, as mesmas experiências cotidianas; não costumamos processar novos significados e nos dedicarmos a uma criatividade que exige que saiamos daquilo que memorizamos ou de que nos lembramos com o cérebro. É aqui que está a confusão.

E os materialistas, naturalmente, tiram proveito dessa confusão. Eles identificam o cérebro com a mente, e por isso negam completamente a criatividade. A prova de que estão errados está no fato de a criatividade ser uma experiência bem estabelecida que todos nós temos. Com a criatividade, certamente podemos mudar o mundo — podemos "perturbar o universo", como disse certa vez o físico Freeman Dyson. Portanto, a criatividade tem eficácia causal, não há como questionar isso. É prova de que o cérebro não pode ser a mente, pois a mente é necessária para o processamento de significado criativo.

"Se o cérebro não é a fonte da criatividade e da intencionalidade, então o que é?", perguntou a jornalista.

Expliquei que a fonte é a própria consciência. O sujeito que experimenta, no qual nos tornamos numa experiência criativa — aquele *self* quântico criativo que às vezes chamamos de espírito santo, o espírito em nós, o espiritual em nós —, é o *self* que sabe que a consciência não local é a fonte da qual provêm a criatividade e o *insight*. E esse *insight* chega até nós na forma de novo significado.

Durante muito tempo, prossegui, a ciência negligenciou seu principal objetivo: explicar o propósito de sermos humanos. Na ciência quântica, descobrimos esse propósito, que é o de buscar, explorar e descobrir a alma — o corpo arquetípico ou supramental. A ciência ignorou a alma, ignorou o significado. Uma vez que em nossa cultura materialista falamos sobre a mente como sinônimo de cérebro, tornamo-nos extremamente estreitos em nossa postura perante o significado em nossa vida. Cada vez mais a nossa sociedade está se tornando mundana, desprovida de significado. Foi tão grande a lavagem cerebral lograda pelas meias verdades da ciência materialista que nos esquecemos completamente das novas potencialidades humanas e continuamos a repetir as mesmas experiências.

Por isso é imperativo reconhecer a mudança de paradigma que está acontecendo na ciência, levando-a à atenção das pessoas comuns. Contudo, precisamos ao mesmo tempo lembrar que todos nós, em última análise, fazemos parte do todo que chamo de consciência quântica — aquilo que outras tradições chamaram Deus. Temos, em potencialidade, o mesmo poder que Deus.

Embora possamos ser dominados temporariamente por uma e outra aberração cultural – por limitações autoimpostas, por condicionamento –, elas não são, definitivamente, estados permanentes para nós. Já estivemos presos a visões de mundo errôneas várias vezes em nossa história – a Segunda Guerra Mundial e Hitler, por exemplo. Mas guerras, violência e um clima corrupto não refletem o que é a consciência humana. Ela vai bem além disso. O materialismo é como uma doença epidêmica que precisa ser tratada. E a ciência quântica pode ser parte da cura.

A jornalista sorriu e disse: "Foi um discurso longo e apaixonante. Sei que os experimentos de Dean Radin mostram que a consciência pode afetar a posição das bolas numa máquina de fliperama e os lugares da máquina onde as bolas vão cair. Por isso, tem de ser verdade que, se as pessoas apenas compreendessem que são a fonte da criatividade e da intenção – que são a unidade, a fonte de Deus, a consciência de Deus – e só projetassem pensamentos de ágape ou intenções positivas para a humanidade, elas poderiam fazer algo positivo acontecer".

Acrescentei a isso que também precisamos descobrir quais são as nossas falhas. E temos de reconhecer por que nossas intenções são falhas, por que se estreitam em termos de potencialidade e nos impedem de nos transformar naquela consciência maior. O fato é que a evolução nos deu circuitos cerebrais instintivos e emocionais negativos, que limitam nossa consciência a uma emocionalidade negativa. Mesmo quando temos intenções positivas, estamos pensando: *O que eu ganho com isso?* Logo, nunca vamos além do pensamento positivo, não chegamos a uma intenção positiva no coração. E nunca damos prosseguimento aos sentimentos a ponto de criar circuitos cerebrais emocionais positivos. Nunca sentimos uma expansão na região do coração que os orientais chamam de chakra cardíaco.

Vendo que ela meneava a cabeça, concordando, lamentei que tivéssemos nos esquecido daquilo que os místicos chamam de jornada rumo ao coração, especialmente neste Ocidente tecnológica e economicamente avançado. Reprimimos sentimentos e, com isso, perdemos o contato com uma maneira muito fácil de expandir nossa consciência: levar a energia da cabeça até o coração. Quando aprendemos a fazer isso, o amor incondicional chega até nós de maneira muito natural. Quando sentimos que o coração está se expandindo, nossas intenções ficam mais potentes e com muito mais chances de se manifestar no mundo. Quando desejamos a paz no mundo com o coração expandido, o efeito é muito maior do que se apenas pensássemos nela, porque, quando pensamos, somos estreitos, autocentrados. Se tentarmos evocar a paz no mundo modificando os outros e não a nós mesmos, vamos fracassar. Temos de fazer as duas coisas. Temos de mudar a nós mesmos e aos demais.

Ela concordou. Mas suas próximas palavras tornaram a mostrar confusão: "Acho que sempre que você tem um pensamento, ele faz disparar os neurotransmissores e alguma coisa acontece. E acho que quando você vai à posição do seu coração – com amor no coração e não apenas no cérebro, na mente –, isso faz que neurotransmissores, neuropeptídeos, hormônios e outras substâncias químicas sejam liberados em seu corpo. Então seu coração se enche de sangue e você se sente bem. Mas também acho que tal iniciativa muda seu campo de ressonância – isso que você chama de campo morfogenético correlacionado. Assim, se o seu campo de ressonância muda e fica com uma ressonância mais positiva, inevitavelmente você vai afetar a frequência de ressonância do mundo todo. O efeito pode ser sutil, mas estará presente. Isso faz algum sentido para o senhor?".

Mais uma vez tentei conduzi-la suavemente para a visão de mundo quântica. Expliquei que, na física quântica, isso acontece por causa de um fenômeno chamado não localidade quântica, mediante o qual nossas intenções podem ficar correlacionadas, visto que compartilhamos a mesma consciência. A consciência é a base de toda a existência. Assim, todos viemos dessa consciência única. Ademais, temos novas provas de laboratório mostrando que o conceito de uma só consciência é válido. Apesar de não a experimentarmos em nosso estado de ego, existe uma consciência não local, uma conexão sem sinais que podemos compartilhar. Com ela, podemos influenciar as pessoas, mesmo sem a intermediação de ondas eletromagnéticas ou sonoras.

## O dilema da escolha

Foi então que minha amiga jornalista fez a pergunta crucial: Como isso se relaciona com o livre-arbítrio? Eu disse a ela que o livre-arbítrio provém da causação suprema, situada além de toda causação material: a causação descendente. A física quântica é a física das possibilidades, e a consciência é necessária para fazer escolhas dentro dessas possibilidades. Essa escolha, feita livremente e sem condicionamento passado, é o que chamamos de livre-arbítrio. Nós temos livre-arbítrio, mas ele ocorre num estado superior da consciência — naquela consciência que alguns chamam de Deus e que eu chamo de consciência quântica.

Muita gente não se mostra particularmente consciente, pois não usa a liberdade de escolha que uma consciência evoluída possibilita. Noutras palavras, vivemos uma existência de zumbis, como seres mais ou menos condicionados. Mas temos o poder de escapar disso. E podemos começar dizendo "não" ao condicionamento.

Percebi que ela estava ficando entusiasmada. "Então posso dizer que vou ao supermercado amanhã às três da tarde", raciocinou. "Tenho o livre-arbítrio para escolher. Na verdade, porém, não há como garantir isso, mesmo que tenha toda a intenção de estar lá às três horas. Posso ficar presa no trânsito. Posso sofrer um acidente. Posso receber um telefonema que me prenda por uma hora. Assim, na fonte da consciência, o senhor acha que existe livre-arbítrio para podermos fazer o que quisermos?"

Ri e respondi que não há garantias, pois sua intenção depende de outros fatores que, por sua vez, dependem do modo como as outras pessoas estão exercendo seu próprio livre-arbítrio. Depois expliquei que a palavra "livre-arbítrio" pode ser usada de duas maneiras. Livre-arbítrio pode significar escolher entre alternativas condicionadas. Ou seja, seu condicionamento contém a possibilidade de deslocamento e a disponibilidade de um supermercado, e você tem acesso a ambos no momento que quiser. Assim, na prática, você está escolhendo entre alternativas que já experimentou e de que se lembra. Mas esse não é um livre-arbítrio irrestrito e totalmente livre. Os cientistas materialistas têm modelos muito bons explicando o condicionamento como redes neurais que estão "entalhadas" em diversos caminhos do cérebro como resposta a estímulos repetitivos. Como há mais de um caminho entalhado, você pode escolher entre várias respostas. Mas essa escolha não é totalmente livre, pois depende de aprendizados condicionados pelos quais seu cérebro já passou. Você não precisa do livre-arbítrio da consciência de Deus para explicar isso.

Um de meus exemplos favoritos em relação a isso é a agonia que sentimos diante de uma decisão ética. Às vezes, as decisões éticas são complicadas; exigem muito tato e tornam a escolha aflitiva e muito ambígua. Costumo discutir isso com pessoas bem-intencionadas, pois ocasionalmente gosto de fazer declarações radicais só para estimulá-las a pensar com mais profundidade. Por exemplo, certa vez, numa palestra, disse que todas as pessoas conscientes, pessoas transformadas, rejeitam falar a verdade de forma literal. A audiência ficou muito abalada e me acusou de sugerir que indivíduos que se tornam conscientes são mentirosos. Mas pense neste dilema ético.

Você vê alguém correndo. Logo em seguida, vê alguém correndo atrás dessa pessoa com um revólver na mão. Se a pessoa armada parar e lhe perguntar se viu alguém passar correndo, talvez você não responda imediatamente: "Sim, ela foi naquela direção". Você hesita e diz algo vago ou não comprometedor porque não quer que ninguém leve um tiro. Mas se perceber que a pessoa com a arma é um policial, você pode mudar de ideia. Esse é um momento de criatividade – o momento de fazer uma escolha livre baseada num sentimento profundo. Você não sucumbiu ao seu condicionamento respondendo de imediato quando a pessoa armada lhe perguntou alguma coisa com voz de autoridade. Esse foi um ato de liberdade, de resistência ao seu condicionamento. Você hesitou, e essa foi a abertura criativa, a abertura para uma decisão criativa. Nesse tipo de situação, podemos ver que temos eficácia causal e devemos manifestá-la. Fazemos isso com mais frequência quando estamos conscientes, quando somos um pouco transformados. Explicando dessa maneira, faz sentido dizer que às vezes podemos ter de mentir para salvar uma pessoa.

Essencialmente, eu disse a ela, o livre-arbítrio diz respeito à criatividade. Quando somos criativos, exercemos a liberdade, pois escolhemos alguma coisa que não conhecíamos antes — algo totalmente novo. Assim, a verdadeira liberdade consiste em exercer uma escolha que não pode ser prevista — algo que não foi experimentado antes, que é totalmente novo —, algo sobre o qual o ego não tem controle. A liberdade de escolher livremente entre nossas alternativas condicionadas é importante, e lutamos por ela. Quando crianças, enfrentamos nossos pais para escolher o sabor do sorvete. Brigamos com eles na juventude para escolhermos nós mesmos a faculdade que cursaremos. Quando Patrick Henry disse "Dê-me liberdade ou dê-me morte", ele estava expressando esse tipo de liberdade. Ela é relevante, mas não é a liberdade suprema; não é a liberdade criativa. Não é a liberdade de criar algo completamente novo, embora possa ser um passo importante nessa direção.

Ela pensou nisso por um momento e disse: "Então, é mais como se fôssemos crianças de 2 anos sentadas no banco de trás de um carro, presas a uma cadeirinha com um pequeno volante amarelo. Achamos que estamos dirigindo o carro, mas não estamos".

"Exatamente", eu disse. "*Achamos* que estamos dirigindo. Mas só quando nos valemos da criatividade é que realmente começamos a dirigir. Lembre-se: o corpo-mente humano não está pronto para ser criativo o tempo todo. Até pessoas como Jesus e Buda não estavam em seu mundo do Espírito Santo o tempo todo. E quando estavam no mundo físico, falavam em forma de parábolas — com palavras e linguagem que nem sempre compreendemos.

## Manifestando a escolha

Então, minha amiga jornalista veio com uma pergunta maravilhosa: "Quais são seus pensamentos sobre a manifestação da intenção na realidade física? A pessoa comum não acredita no poder da intenção. Ela quer saber por que não consegue manifestar aquilo que deseja – como um Rolls-Royce, por exemplo".

Obviamente, esse é um de meus temas prediletos. Filmes como *O segredo* fazem fortuna vendendo noções simplistas sobre a manifestação da escolha no mundo físico, apesar de a visão de mundo quântica sugerir, de fato, uma ciência da manifestação se levada à sua conclusão lógica. "É verdade que, na década de 1970", disse-lhe, "havia uma organização que ensinava as pessoas a manifestar Rolls-Royces. Caso não conseguissem, eles as ensinavam rapidamente a manifestar vagas de estacionamento em regiões movimentadas do centro da cidade."

Minha amiga riu, e continuei num tom mais sério. "Tudo se resume ao velho problema do ego – a estreiteza da consciência que nos impede de manifestar nossa intenção. Identificamos a limitação do ego como uma limitação da intenção. A intenção tem o poder da consciência de Deus, mas precisamos manifestar a intenção segundo um enquadramento adequado da consciência. Se trabalharmos sob a estreiteza do ego, nossa intenção não terá qualquer efeito sobre a consciência cósmica onde tais manifestações acham-se em aberto como possibilidades. Se a intenção vem da consciência do coração, porém, expandimo-nos mais um pouco e aumentamos as chances de sucesso."

Continuei a explicar que, se pudermos eventualmente acessar estados de consciência místicos, como faziam Jesus e Buda, tornando-nos realmente síncronos com a consciência cósmica, então nossas chances de manifestação aumentam ainda mais. Isso depende do grau de coesão que queremos ter na consciência e da expansão que queremos atingir. Em estados expandidos da consciência, só desejamos o bem para todos. Não trabalhamos por gratificação individual de natureza material.

Nosso egoísmo desaparece. Mas isso assusta algumas pessoas que só desejam seus bens egoístas e a satisfação dos sentidos. Assim, como coletividade, ainda precisamos crescer um pouco. Ainda somos crianças em termos de maturidade da consciência.

Precisamos aprender realmente as sutilezas e a imensidão do potencial que existe em nós. Coletivamente, nem mesmo começamos a expandir rumo à criatividade mental, à descoberta de novos significados. Grandes artistas, grandes cientistas e grandes filósofos podem fazê-lo. Mas o restante de nós se satisfaz experimentando uma gama bem pequena de significados mentais. Por isso, brincamos com a ideia de fazer manifestar alguma coisa que não existia antes no domínio material – como um Rolls-Royce. Mas é um pedido bem difícil. Vai completamente contra a corrente da física materialista, pois envolve a criação de nova matéria a partir do nada. O que precisamos explorar é um tipo muito mais simples de criatividade – a criatividade do significado mental. Nossos ancestrais sabiam disso. Logo, quando rezavam a Deus pedindo algo material, sabiam que a graça de Deus iria se manifestar por meio da benevolência de outro ser humano.

Ainda temos um longo caminho a percorrer, eu disse à jornalista. Mas isso não significa que estejamos bloqueados. Como diz o provérbio chinês: Uma viagem de 10 mil quilômetros começa pelo primeiro passo. Temos de aprender a ser criativos – primeiro com a criatividade mental, depois com nossas energias vitais e, finalmente, com a criatividade no nível material – que é equivalente àquilo que chamamos de milagre.

*capítulo* 9

# involução e evolução

Os participantes de meus workshops costumam me perguntar o que quero dizer quando me refiro à base de toda a existência. Estou falando de Deus ou do que as pessoas costumam chamar de divindade? E eu respondo: tecnicamente, sim. Mas prefiro definir Deus como o *agente criativo* da base da existência. A base da existência, em termos filosóficos, deve ser imaginada como eterna, abrangendo todas as possibilidades. Qualquer coisa eterna está situada fora do espaço e do tempo, e por isso não pode acontecer nada na eternidade que inclua todas as possibilidades. Para que a criatividade entre em cena, para que as coisas aconteçam, é preciso que haja alguma limitação. Por isso, Deus não é exatamente toda a base da existência, mas o agente criativo da base da existência, após terem sido impostas algumas limitações.

## Antes de Deus

Bem, e qual é a base da existência se ela é mais do que Deus? A base da existência tem sido chamada de Divindade nas tradições espirituais. É a eternidade, que inclui todas as possibilidades, sempre presente no pano de fundo. Mas paremos por aqui, caso contrário vamos continuar perguntando: O que existia antes? O que existia antes?

É como o velho enigma sobre a teoria do Big Bang. O que havia antes do Big Bang? Os materialistas postulam uma explicação que chamam de "teoria da inflação", que projeta uma era anterior ao Big Bang. Mas aí surge a pergunta sobre o que havia antes do período inflacionário. As tradições espirituais também não se saem muito melhor nessa questão. A história conta que certa vez Santo Agostinho pregava sobre como Deus criou o Céu e a Terra quando um dos fiéis lhe perguntou o que Deus estava fazendo antes de criar o Céu e a Terra. Após uma pausa, Agostinho respondeu: "Deus estava criando o inferno para pessoas que fazem essas perguntas".

Bem, mas *o que* Deus estava fazendo antes de criar o Céu e a Terra? O *que* acontecia antes do Big Bang? A única resposta sensata é que antes do Big Bang, antes de Deus, antes de qualquer coisa que possamos imaginar, a eternidade sempre esteve presente. E essa é a base da existência. Nada pode existir antes dela. A eternidade não tem passado, presente ou futuro. Ela contém todas as possibilidades – tudo que existe, existiu ou existirá um dia. A eternidade é atemporal. Para que o tempo e a criatividade entrem em cena é preciso haver limitação. Devemos considerar a existência de leis que envolvam quantidades que variem com o tempo – não com o tempo manifestado, mas com o tempo como parâmetro. Precisamos trazer o significado – a ideia de que há gabaritos bem definidos da existência biológica com os quais a consciência pode trabalhar. Só depois de introduzidas todas essas limitações é que a matéria pode ser criada e qualquer manifestação pode acontecer. Então, a matéria faz representações daquilo que houve antes dela – representações dos gabaritos ou das matrizes das funções biológicas, representações do significado mental etc. (ver Figura 11).

Figura 11. Involução precede evolução.

Mas representação e significado exigem um observador. Teoricamente, o observador original teria sido uma criatura unicelular a partir da qual todos nós evoluímos. Há mais de 4 bilhões de anos, manifestou-se essa vida original. Foi um evento monumental. Antes, tudo eram apenas possibilidades a partir das quais a consciência poderia fazer escolhas. Não havia consciência manifestada, não havia observador manifestado e não havia escolha. Era um universo possível, por assim dizer, sem manifestação. Nesse momento da primeira observação – o momento que o físico John Wheeler chamou de "conclusão do circuito de significado", ou, mais precisamente, a conclusão do circuito vital em hierarquia entrelaçada da primeira célula viva – todo o universo foi criado, retroagindo no tempo por meio da escolha retardada. Naturalmente, não podemos descartar a possibilidade de que haja outros planetas, além do nosso, nos quais outras criaturas unicelulares tenham surgido. Feita essa ressalva, posso dizer que, antes que a vida aparecesse no cenário, tudo era apenas possibilidade quântica.

É difícil compreender, à primeira vista, aquilo que queremos dizer ao afirmar que o universo foi criado retroativamente no tempo, a partir do momento em que a primeira célula viva surgiu, cerca de 4 bilhões de anos atrás. O Big Bang, segundo mostram nossos cálculos mais recentes, deve ter acontecido há 13,5 bilhões de anos. Mas isso cria um problema conceitual. O calor gerado pelo Big Bang teria inviabilizado a vida, e por isso não poderia haver um observador manifestado, nem a possibilidade de escolha. Logo, é possível que, quando o primeiro observador fez a primeira escolha, esta tenha sido uma escolha retardada. Quando a consciência da primeira célula viva fez uma escolha, há 4 bilhões de anos, todas as coisas que aconteceram antes desse evento — a atmosfera da Terra, o Sol e o Sistema Solar, supernovas, estrelas de primeira geração, as galáxias, o próprio Big Bang, toda a linhagem causal — manifestaram-se retroativamente naquele momento. Até o espaço e o tempo, que eram parâmetros em potencialidade, foram criados com ele (ver Figura 12). E o tempo foi criado com uma cronologia linear que, conforme a lógica, ele precisa ter para que se manifeste. Portanto, nossa escolha *atual* precipita a experiência manifestada a partir de possibilidades *anteriores*, retrocedendo no tempo.

Figura 12. O colapso retroativo do Big Bang; a conclusão da hierarquia entrelaçada da primeira vida; escolha retardada e colapso.

## Evolução e propósito

Vamos falar um pouco mais sobre evolução e consciência. Nosso mundo evoluiu ou apareceu espontaneamente, como dizem os criacionistas? Ou será que houve uma combinação de ambas as hipóteses?

Durante um longo tempo, as tradições espirituais e o dogma religioso ensinaram que não existe evolução, pois Deus criou tudo de uma só vez. Esse engano originou-se da suposição de que o universo não tem leis. Nossas experiências são tão repletas de acontecimentos fortuitos que a humanidade demorou a perceber que o universo *é* de fato regido por leis, e que Deus opera dentro dessas leis. Depois que a ciência estabeleceu a operação legítima do universo, ela investigou se haveria leis que limitariam a manifestação. A ciência não precisava mais presumir que a manifestação se dava arbitrariamente, de uma só vez, e por isso questionou a ideia apresentada no Gênesis, segundo a qual Deus criou o mundo.

Evidências científicas na forma de registros fósseis mostram claramente a ocorrência da evolução. Mas eis o que os biólogos tentam ignorar: a evolução é progressiva; ela possui uma "flecha do tempo". Criaturas monocelulares dão lugar a animais multicelulares, que dão lugar a invertebrados e vertebrados, que mais tarde dão lugar a primatas e a seres humanos. Mas há muitas anomalias e muitos intermediários faltando entre os estágios da macroevolução no registro fóssil, coisa que o darwinismo não explica.

Em meu livro *Evolução criativa* (2008), tratei dessas anomalias. Existe uma interpretação metafórica do Gênesis — de que a criação durou seis dias — com a qual podemos evitar a ideia da criação instantânea e abrir caminho para a evolução. Do mesmo modo, o darwinismo pode ser modificado sob a luz da primazia da consciência numa nova teoria, que explica a flecha do tempo e os elementos ausentes no registro fóssil dando espaço para saltos quânticos criativos.

Segundo a teoria de Darwin, o registro fóssil deveria mostrar um desenvolvimento contínuo entre uma espécie e a seguinte, justificando todas as diferenças significativas. Mas não é o que acontece. O registro fóssil não é contínuo. Ele tem lacunas, especialmente quando levamos em conta grupos macroscópicos superiores às espécies. Por exemplo, entre criaturas anfíbias e répteis, a teoria de Darwin diz que deveria haver milhares de intermediários. Na verdade, porém, poucos deles, cerca de sessenta, foram encontrados. O que significam essas lacunas fósseis?

É aqui que a ciência quântica pode ajudar a explicar. Na visão quântica, não é preciso pressupor que a evolução tenha se dado apenas mediante mecanismos contínuos – mutações aleatórias de genes e seleção natural a partir dos genes mutados, preferindo aqueles que são benéficos para a sobrevivência. Em vez disso, podemos postular a evolução como a evolução da consciência. Quando estudamos a evolução do ponto de vista da consciência, podemos invocar a criatividade. Podemos defender uma ação contínua e condicionada, como no darwinismo tradicional, mas também uma ação criativa – para saltos quânticos – no processo evolutivo.

Quando nos tornamos condicionados, as coisas ficam contínuas. Você já percebeu que nosso fluxo de consciência é bem contínuo? Mas a criatividade ocorre de modo intermitente, e é isso que nos permite iniciar novas fases da vida. A evolução biológica procede da mesma maneira. Algumas mudanças instantâneas ocorrem – saltos quânticos – e explicam as lacunas fósseis.

Quando introduzimos a consciência na equação da evolução, o que impele a intenção? Como a informação sobre a intenção vai desde a base de toda a existência até a matéria? Como ela entra no nível material? Por meio de sinais? Lembre-se, a intenção não é uma causa. Uma pergunta melhor seria: Qual é o *propósito* que impele o universo? Como o *propósito* da consciência entra na matéria? É nesse ponto que os biólogos precisam abrir a mente para a não localidade quântica. Pois o fato é que, na consciência quântica, os sinais não são necessários. A consciência quântica afeta a matéria, as possibilidades materiais, por meio da causação descendente não local – através da escolha.

Mas por que perguntar essas coisas todas? Muitos acham que Deus é perfeito, e que por isso o mundo deveria ser perfeito. Mas aqui é que está o problema. O mundo não é perfeito e as pessoas se perguntam o porquê. A evolução nos proporciona uma saída. A ideia de evolução é que começamos como seres imperfeitos, mas tentamos nos tornar perfeitos — tentamos nos transformar; tentamos evoluir como seres espirituais.

Então, por que Deus manifestou o universo? Por que não ficou para sempre na perfeição? Porque no imanifestado, na eternidade, nada acontece. Não existe experiência. As coisas acontecem porque queremos atingir a perfeição um dia, mas queremos atingi-la na manifestação, na experiência. E é esse o propósito da manifestação. Os cientistas aceitam a existência de leis causais no universo; eles precisam aceitar também a existência do propósito.

## O princípio antrópico

Nós reconhecemos nove arquétipos principais — arquétipos de valor que movem nossa evolução social. São o amor, a beleza, a justiça, a verdade, o poder, a abundância, a bondade, a plenitude e o *self*. Temos de ser criativos para manifestar esses arquétipos. Podemos amar simplesmente desejando fazê-lo? Podemos ser justos simplesmente querendo sê-lo? Não, temos de lutar por isso. Temos de evoluir nessa direção. Temos de ser criativos. O conceito de evolução diz que, no início, começamos sendo pouco amorosos, ou não muito justos. Inicialmente, não somos perfeitos. Como poderíamos ser? A consciência teve de criar a vida dentro das limitações de leis científicas que tiram proveito das contingências. Mas no devido tempo podemos evoluir e nos tornar seres amorosos; podemos evoluir rumo à justiça, ou à verdade, ou à bondade. Podemos evoluir rumo à perfeição.

Naturalmente, às vezes retrocedemos. Hoje, na sociedade, não vemos muita justiça. Fazemos progressos como o proverbial macaco que sobe o poste de bambu — trinta centímetros para cima e um metro para baixo. Felizmente, o "gosto" de uma sociedade justa permanece em nós, e um dia vamos alcançá-la de novo. E quando a alcançarmos, vamos subir um pouco mais. É esse o caminho da evolução. Por isso não devemos nos sentir desencorajados.

A constatação de que o mundo está designado a se mover rumo ao estabelecimento da consciência incorporada e manifestada chama-se princípio antrópico. Antrópico significa "humano" ou "existência humana". Princípio pode ser definido como "lei". Logo, o princípio antrópico significa a lei da existência humana.

O princípio antrópico é um bom exemplo de escolha retardada. Sem a escolha retardada, ele seria inexplicável. Com o princípio antrópico a guiá-lo, o mundo evolui de maneira tal que, mais tarde, surgirá uma consciência incorporada e manifestada. Na física quântica, a consciência manifestada é que torna possível um mundo manifestado. O mundo só pode se manifestar quando a consciência manifestada surge. Então o círculo fica completo. O mundo precisa da consciência para se manifestar, e a consciência precisa das condições sob as quais ela pode se manifestar. Essa circularidade é que move o princípio antrópico. Nós precisamos do universo; o universo precisa de nós. O universo não pode se manifestar sem o observador. O observador não pode se manifestar sem o universo e sua evolução.

*capítulo* 10

# um conto sobre dois domínios

Agora vamos ao cerne da seguinte questão: como pode haver compatibilidade entre a física quântica e a teoria da relatividade — uma teoria do tempo e do espaço? Primeiro, vamos pensar na comunicação sem sinal — aquilo que chamamos de não localidade na física quântica. À primeira vista, a teoria da relatividade parece concluir que não pode haver comunicação instantânea, que não podem haver saltos quânticos instantâneos. Na teoria da relatividade, existe sempre uma velocidade de comunicação finita, limitada pela velocidade máxima dos sinais, que é a velocidade da luz. Agora vamos analisar o conceito quântico dos dois domínios. A teoria quântica define o domínio da potencialidade como um domínio não local que existe fora do espaço e do tempo, além da jurisdição da teoria da relatividade. Logo, aquilo que parece ser descontínuo no espaço-tempo só acontece porque há uma comunicação sem sinal, que se dá através do domínio da potencialidade. Noutras palavras, potencialidade e experiência manifestada são fenômenos mutuamente interdependentes.

Vejamos, por exemplo, a ideia do entrelaçamento ou correlação quântica que se dá entre objetos que interagem. Suponha que mensuramos dois objetos entrelaçados situados a milhões de anos-luz e descobrimos que, quando o objeto A está polarizado numa direção, o objeto B está sempre polarizado na mesma direção. Este é um caso de correlação, ou entrelaçamento.

A conexão não local entre esses dois objetos, que é uma potencialidade, requer um gatilho para ser ativada. Noutras palavras, cada objeto está potencialmente conectado a todos os outros objetos do universo através da não localidade. Contudo, para manifestar essa conexão não local, precisamos entrelaçar os dois objetos, ou correlacioná-los, por meio de alguma interação local.

Isso pode parecer confuso, mas pense no domínio da potencialidade, o domínio da unidade. Sabemos que é similar ao conceito de inconsciente na psicologia. E sabemos que o inconsciente pessoal está enraizado no corpo físico, nas memórias do cérebro. Mas Jung descobriu que o inconsciente coletivo também está enraizado na memória – na memória coletiva ancestral que reprimimos coletivamente. Porém, o inconsciente em si, que é idêntico ao domínio da potencialidade, é maior do que a soma dessas duas partes. Ele é muito maior do que o inconsciente pessoal ou do que o coletivo. E vamos chamar essa "parte extra", as novas possibilidades quânticas incondicionadas, de inconsciente quântico.

## Do sujeito ao objeto

Werner Heisenberg, um dos descobridores da física quântica, fez essa conexão pela primeira vez. Recorde-se de nosso experimento mental do Capítulo 2, no qual lançamos hipoteticamente um elétron livre num recinto e tentamos mensurar onde ele estava. (No caso, "livre" significa livre de todas as forças.) Heisenberg se perguntou: O que acontece de fato quando a potencialidade se transforma em algo manifestado? Quando conhecemos apenas a potencialidade, tudo que podemos dizer, tudo que podemos calcular, tudo que podemos conhecer são as probabilidades de um objeto estar em diversos locais possíveis. Nosso conhecimento sobre o objeto é vago. Mas quando convertemos o objeto numa partícula manifestada mediante o evento do colapso, sabemos exatamente onde ele está. Assim, Heisenberg disse que a passagem de um objeto da potencialidade para a experiência manifestada é uma mudança em nosso conhecimento sobre o objeto. Agora, precisamos fazer a pergunta: Qual é o veículo que nos proporcionou esse conhecimento?

A consciência, como vimos, é o veículo por meio do qual podemos conhecer. Logo, o que Heisenberg está dizendo é que a mudança da potencialidade em experiência manifestada é uma mudança na consciência. Portanto, esse domínio da interconectividade é a forma mais geral de consciência que podemos acessar. Antes (e além) do ego, *somos* essa vasta base interconectada da existência que é a consciência. Todos nós compartilhamos o inconsciente. Ele não tem personalidade, não tem um *self* como o que experimentamos no mundo manifestado.

Podemos expressar isso num diagrama que mostra um *self* individual e seu relacionamento com a consciência além do tempo e do espaço (ver Figura 13). A potencialidade vem antes, depois a mudança ou colapso, depois a divisão sujeito-objeto que resulta na manifestação. Isso determina o observador manifestado, que atua como gatilho para o domínio da experiência manifestada.

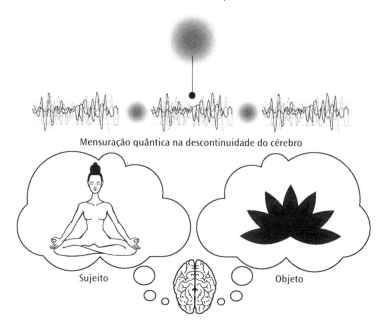

Figura 13. Como o um torna-se dois; a divisão sujeito-objeto após o colapso.

O observador individual é a atual consciência manifestada associada ao cérebro que aparece como o sujeito — chame-o *self* quântico — de uma experiência espontânea. Parte da potencialidade torna-se o objeto dessa experiência. O cérebro está envolvido nesse colapso, pois não pode haver mudança da potencialidade para algo manifestado em qualquer experiência sem a hierarquia entrelaçada no cérebro do observador.

Vou repetir isto: *Não pode haver mudança sem o cérebro do observador*. A consciência é representada — incorporada — como o sujeito que se identifica com o cérebro. Sempre que nasce uma criança, seu cérebro fornece a hierarquia entrelaçada que manifesta a realidade vivenciada pela criança. E a criança torna-se um observador como *self* separado, apesar de o bebê ainda não ter muita noção de que é um *self* separado de seu ambiente até a idade de 1 ano, mais ou menos. É preciso que se acumule uma memória de um ano, no mínimo, para apoiar essa percepção da separação. Só quando a experiência espontânea do *self* quântico se reflete no espelho da memória acumulada é que começamos a discernir o *self* ego como algo separado do ambiente.

O hinduísmo identifica esses dois reinos como *purusha* — potencialidade do sujeito-consciência — e *prakriti* — potencialidade dos objetos. A partir disso, quando ocorre o que chamamos de colapso quântico, nasce a percepção-consciente manifestada de um sujeito observando objetos. Na metáfora cristã, purusha, a potencialidade da consciência, é Deus pai. Prakriti, a potencialidade dos objetos, é a mãe. Deus (purusha) engravida (pela causação descendente) a mãe (prakriti) para produzir (imaculada concepção) a percepção-consciente manifestada de sujeito-objeto do *self* quântico (o Espírito Santo) e dos objetos da experiência. Finalmente, o condicionamento transforma o *self* quântico em ego (o Filho).

Na filosofia monista hindu do *Vedanta*, purusha e prakriti, juntos, perfazem a totalidade — *Brahman*, em sânscrito. Essa é a Divindade do cristianismo esotérico. De modo análogo, no budismo, a potencialidade é reconhecida como "ausência das coisas"*. Chamam-na de *shunyata*, que transcende tanto o sujeito quanto o objeto. Assim, a descrição quântica da consciência surgiu com antecipação de milênios.

## Da potencialidade à perfeição

Antes da mensuração, antes da observação, existe a potencialidade de um objeto e a potencialidade de um cérebro que olha para esse objeto, ambos contidos na consciência como possibilidades da própria consciência. A mudança, que os físicos chamam de colapso, leva a duas coisas: o cérebro colapsado desenvolve uma representação da consciência (o sujeito) e forma um objeto colapsado que é experimentado pelo sujeito como o objeto da experiência.

Vamos ver como isso se aplica à maneira como uma garrafa de água emerge da potencialidade. A garrafa e o observador têm "cossurgimento dependente". Para começar, a garrafa e o cérebro são uma só coisa com a consciência na potencialidade. Aqui, na manifestação, eles são separados – o observador está separado da garrafa. Na experiência ordinária do ego, o observador também está separado da totalidade da consciência. Logo, a potencialidade é o domínio da unidade, enquanto o manifestado é o domínio da separação aparente.

O não manifestado é a plenitude, o todo. É perfeito. Quando você se der conta disso em seu coração, terá dado um passo importante rumo à iluminação. Então, para que precisamos de qualquer coisa além dessa plenitude, desse todo? Por que precisamos dessa realidade separada? Por que precisamos da garrafa de água? Por que nós a criamos? Naturalmente, essa é uma das questões fundamentais que intrigam as religiões e as tradições espirituais. O hinduísmo chama o mundo da separação de "brincadeira de Deus". Isso satisfaz em parte, pois

---

\* No original, "no thingness" (nothing-ness), "estado de coisa alguma". [N. de T.]

não é possível comer uma maçã em potencial. Algumas religiões veem a separação como o pecado original. Recomendam evitá-la e manter a atenção focada na unidade. Mas deixam alguma coisa de lado ao trivializar o mundo manifestado. O mundo manifestado tem ordem. Parte dessa ordem, inclusive, está sujeita a leis científicas.

Assim, por que o todo – o perfeito – cria a aparência da separação? A resposta é que na potencialidade não existe experiência. Quando dizemos que a potencialidade se encontra além do tempo, isso também significa que passado, presente, futuro, tudo coexiste simultaneamente em potencialidade. Mas não existe tempo manifestado nem experiência. Logo, o mundo manifestado é criado para se criarem experiências – e um dia, por meio da evolução, para se chegar à experiência da perfeição, primeiro para uns poucos indivíduos iluminados, e depois para todos. Mais ou menos como o autor de ficção científica Arthur C. Clarke imaginou em seu romance profético *O fim da infância*.

É verdade que a consciência representada não equivale à consciência em seu original. Mas se criarmos um mundo que evolui, então é possível imaginar a evolução como um processo mediante o qual crescemos e nos tornamos cada vez mais adaptados à manifestação do amor, da bondade, da plenitude, da abundância ou de qualquer dos arquétipos mencionados antes. E essa é a nova espiritualidade da física quântica. Ela já foi antevista por dois grandes pensadores do século passado, Sri Aurobindo e Teilhard de Chardin, que viram o propósito da manifestação como sendo o de trazer o Céu para a Terra.

Quando o Big Bang aconteceu, teve início a expansão do universo, e o mundo continuou a se expandir desde então, ficando cada vez maior. Esse mundo da realidade emergiu do não manifestado – da plenitude, da perfeição –, segundo a teoria quântica. Mas pouco antes do momento do Big Bang, qual era a intenção – a intenção primária que deu origem a tudo? A intenção era, numa só palavra, manifestação. Mas qual era o propósito? Em termos simples, o propósito era levar a perfeição do não manifestado (o Céu) para o manifestado (a Terra). Para isso, porém, precisamos da evolução. E o que move a evolução? O propósito de desenvolver a perfeição.

## Da unidade à separação

A manifestação, experiência, exige um mecanismo para a criação da separação. Consequentemente, o Big Bang teve de ser acompanhado por um grande desenvolvimento da potencialidade antes que pudesse acontecer a manifestação. Cerca de 1 bilhão de anos após o Big Bang, surgiram as galáxias. Depois, as estrelas. Depois, as supernovas. Depois, dos vestígios das supernovas, as estrelas de segunda geração, como o nosso Sol. E essas estrelas tinham todos os elementos necessários para criar a vida num planeta que girava ao redor de uma estrela como o Sol e extraía energia dele. Assim, os planetas tiveram de desenvolver, em potencialidade, uma atmosfera que pudesse sustentar a vida. Todo esse desenvolvimento em potencialidade levou cerca de 9,5 bilhões de anos – também em potencialidade. Então surgiu a primeira célula viva em potencialidade. Finalmente, o mecanismo de criação da aparência, a hierarquia entrelaçada, estava em potencialidade na estrutura da célula viva, e o ambiente estava adequado.

Numa célula viva, há duas moléculas importantes: proteína e DNA. A origem dessas moléculas é bem misteriosa. Sem DNA, não podemos fazer proteína. Mas sem proteína, não podemos fazer DNA. Juntas, elas constituem uma hierarquia entrelaçada na célula viva. Agora, então, o colapso pode se dar, proporcionando-nos uma célula viva manifestada que pode se distinguir de seu ambiente manifestado. Há ainda um campo morfogenético associado à forma e à função da célula viva: a matriz da célula. O colapso do campo morfogenético associado dá à célula um sentimento de vitalidade, embora rudimentar.

Perceba a semelhança com o conceito de cossurgimento dependente discutido anteriormente. Quando se manifesta, a célula torna-se uma entidade separada de seu ambiente; ambos surgem codependentemente. E esse processo dá origem à célula viva — à vida — e a seu ambiente não vivo. A combinação proteína-DNA, junto com sua parede celular e algum citoplasma, torna-se vida, e todo o restante das possibilidades manifestadas torna-se o ambiente não vivo. Assim, a mensuração quântica em hierarquia entrelaçada levou à vida manifestada, enquanto o resto, sem hierarquia entrelaçada, tornou-se o não vivo.

Para deixar claro: onde não existe hierarquia entrelaçada, temos uma entidade não viva. A parte da hierarquia entrelaçada torna-se especial — o que Humberto Maturana denomina um sistema *autopoiético* —, com autonomia própria e autoidentidade. Isso porque a consciência é representada nesses sistemas como uma identidade separada, como uma distinção. No resto do mundo manifestado, a consciência não pode ser representada, então se manifesta como objetos.

Na época do Big Bang, não havia criaturas vivas, e por isso não havia observadores para observar o processo. Esse é outro paradoxo maravilhoso a se ponderar, e sua solução é crucial. A resposta é que não só a escolha do colapso pode acontecer agora, precipitando um evento isolado neste momento; uma escolha pode ocorrer agora e também se precipitar retroativamente, recuando no tempo, através de toda uma cadeia de eventos que são pré-requisitos para o evento atual. Assim, quando a consciência escolhe com atraso, com um lapso de tempo, causando o colapso de toda uma cadeia de potencialidades e produzindo toda uma cadeia de eventos que retrocedem no tempo até o Big Bang, a escolha retardada cria o tempo retroativamente.

Temos o hábito de pensar numa estrutura de tempo absoluto, e por isso é difícil entender a escolha retardada. Mas quando você permite a flexibilização do conceito de tempo, admitindo-o como uma criação da própria consciência mediante colapso, a escolha retardada começa a fazer sentido. Noutras palavras, podemos dizer que a nossa consciência atual criou o Big Bang. Naturalmente, nossa consciência nem sempre esteve tão presente. O Big Bang se deu há 13,5 bilhões de anos. A primeira célula viva surgiu há cerca de 4 bilhões de anos. Assim, a consciência vem fazendo isso — jogando esse jogo cósmico de manifestação — há apenas 4 bilhões de anos. Os primeiros 9,5 bilhões de anos foram um desenvolvimento em potencialidade. Depois, deu-se uma série de escolhas retardadas, com a ocorrência de colapsos retroativos. Nesse momento, há 4 bilhões de anos, a vida foi criada. Recuando no tempo, o Sol foi criado. Antes disso, as supernovas; antes ainda, as estrelas de primeira geração; antes, as galáxias; e antes de tudo deu-se o Big Bang. Mas toda a cadeia de eventos foi o resultado de um evento de causação descendente.

Sem o Big Bang em potencialidade, não haveria galáxias ou estrelas de primeira geração em potencialidade. Não haveria supernovas ou estrelas de segunda geração em potencialidade. Não haveria planeta como a nossa Terra e não haveria célula viva em potencialidade. Logo, essa cadeia de potencialidades é essencial para produzir o evento do colapso que produziu a vida. E antes dessa manifestação, não havia espaço; não havia tempo.

Uau! Como é?

## Da teoria ao fato

Toda essa teorização levou-nos a um ponto no qual aquilo que tenho dito pode ser verificado experimentalmente. Um modo de comprovar a teoria da escolha retardada — de como um evento atual pode precipitar uma série de eventos que já existiram antes — vem da pesquisa sobre experiências de quase morte.

O que acontece numa experiência de quase morte (EQM)? Temos a parada do coração. O paciente morre. Atesta-se a sua morte cerebral. O restante do corpo ainda tem vida, mas o cérebro está morto. Não há sinal no EEG. Todavia, com os progressos recentes da cardiologia, os cirurgiões cardíacos podem reanimar um paciente desde que não tenha se passado muito tempo. Então o paciente desperta e diz: "Tive uma experiência. Atravessei um túnel até o lado de lá e vi meus parentes. Depois encontrei Jesus (ou Buda, ou seja lá quem for). Em seguida vi uma luz maravilhosa, e ouvi uma voz me chamando de volta. E encontrei um muro. Agora estou aqui. De volta ao lugar onde estava".

Do ponto de vista científico, a dificuldade para se compreender essas experiências é imensa. Uma pessoa com morte cerebral não pode ter uma experiência que envolva pensamento significativo. A experiência do significado exige um sistema de hierarquia entrelaçada chamado cérebro. Mas o cérebro está morto. Ainda assim, precisamos levar a sério todas essas experiências, porque muitas outras pessoas em circunstâncias similares relataram experiências parecidas, e porque esses eventos mudam o comportamento das pessoas dali para a frente – mudam toda a sua vida futura. Por isso, esses eventos têm eficácia causal.

Como esses eventos podem ter ocorrido? A ciência quântica diria que é preciso ter havido uma cadeia de eventos – uma cadeia retroativa de eventos – que começou quando o paciente foi reanimado. Sob esse ponto de vista, os sobreviventes da quase morte estão se lembrando da cadeia de eventos porque agora ela faz parte de sua memória. Os eventos ocorreram, retrocedendo no tempo desde o momento do colapso, que deve ser o momento em que o cérebro foi restaurado. A mesma coisa que aconteceu com o Big Bang e a origem da vida. Tudo que podemos ver hoje é a memória do Big Bang contida na radiação de fundo em micro-ondas que permeia o universo – uma radiação que foi emitida no momento do Big Bang, mas que esfriou desde então. Assim, a analogia se sustenta. O que nós vemos hoje ocorreu há bilhões de anos, existindo agora como uma memória.

A criação acontece momento a momento. O universo lá fora não existe em forma concreta. Galáxias, estrelas e planetas não estão paradinhos lá fora. Todos existem em potencialidade, a menos que algum ser vivo tenha uma experiência que os manifeste de forma retroativa. Podemos dizer que o Big Bang está sofrendo colapso momento a momento enquanto os astrônomos olham através de seus instrumentos e detectam a radiação cósmica de fundo em micro-ondas. Com efeito, a física quântica descarta todo o conceito newtoniano de que o universo está sempre ali, paradinho, em forma concreta.

E a Lua? Ela existe? Num trabalho publicado na revista *Physics Today*, um físico fez a pergunta: A Lua está lá quando ninguém está olhando? E a conclusão é inequívoca. A física quântica afirma que não existe uma Lua momento a momento, só a potencialidade da Lua. Naturalmente, a potencialidade é tão próxima da experiência manifestada – a Lua tem uma massa bem grande – que sempre encontramos a Lua onde esperamos encontrá-la. Em função de seu tamanho, as possibilidades de movimento do centro de massa da Lua são bem limitadas. Logo, a descrição newtoniana é aproximadamente válida. E o que dizer de Neil Armstrong? O que aconteceu quando ele pousou na Lua? Bem, Armstrong estava se manifestando, e sua manifestação criava a Lua de maneira codependente, como parte de sua experiência.

E eu? Estou sentado a uma mesa com um computador, criando um livro, e você, leitor, estará lendo esse livro daqui a um ano, mais ou menos. Obviamente, você existe em potencialidade. Será que estou no mundo da manifestação? Existo realmente nesta realidade manifestada, durante todo o tempo em que escrevo este livro? De fato, não. Tudo que podemos dizer é que estou entrando e saindo dessa potencialidade e criando uma realidade tão próxima da esperada que presumimos falsamente ser eu um elemento fixo, sentado continuamente aqui, escrevendo sem cessar. A continuidade é uma criação da nossa expectativa. Entre os períodos de escrita, durmo e torno-me potencialidade. Com efeito, essa é a ideia. Depois que você entende a física quântica, nunca mais leva a fixidez da realidade muito a sério. Nada é permanente. Tudo está mudando sempre. Tudo é efêmero, tal como os místicos têm dito ao longo do tempo.

## Da fixidez à mudança

Claro, nem todos os físicos quânticos percebem a realidade dessa maneira. Mas a maioria acredita que existe um dinamismo fundamental no mundo. Quando nos tornamos criativos, em vez de viver na fixidez do ego, começamos a experimentar essas descontinuidades de modo tal que percebemos a mudança, e não a fixidez, como base do mundo. Entretanto, a fixidez é necessária como ponto de referência para a mudança. Mudança e fixidez – movimento e imobilidade – acontecem quase ao mesmo tempo.

Importante é compreender a diferença entre imanente e transcendente, manifestado e não manifestado. Este computador no qual estou trabalhando é imanente. Ele parece existir continuamente no espaço tridimensional, separado de mim. Se eu o empurrar, ele se move. A aparente experiência manifestada na dimensão material é a matéria se movendo no espaço tridimensional, levando um tempo para fazê-lo separadamente de mim. Contudo, no domínio transcendente da realidade, não existe separação. É por isso que não podemos tocá-la ou percebê-la como algo separado de nós. Esse domínio situa-se além do espaço e do tempo. Ele transcende espaço e tempo. Nesse domínio, todo espaço existe simultaneamente; todas as coisas existem simultaneamente. Tudo é um. Não existe separação entre sujeito e objeto.

É preciso lembrar também que essa potencialidade existe eternamente. Ademais, há uma intenção em potencialidade para a manifestação, e isso significa que o princípio antrópico está contido nela em algum estágio da involução. E o mundo, tal como o conhecemos, é criado. E então, quem sabe, após muitos bilhões de anos, esse mundo desmorona e não consegue mais sustentar a vida. E então a intencionalidade da potencialidade cria outro mundo.

Dessa feita, a consciência escolhe as leis físicas que governaram a evolução desse universo em particular. Porém, segundo a teoria quântica, já houve muitos universos com leis físicas diferentes governando cada um deles. Alguns nunca sofreram colapso porque terminaram depressa demais. A potencialidade da vida nunca se desenvolveu em experiência, e por isso não houve manifestação. Mas pelo menos um desses universos – o nosso universo – deve ter sido muito bem adaptado para acomodar a vida. As leis físicas devem ter sido extremamente ajustadas e refinadas para possibilitar essa hierarquia entrelaçada. Se você mudar um pouco que seja as leis físicas, não terá hierarquia entrelaçada nem manifestação.

Espero que você, como eu, tenha começado a sentir a dança de Shiva em toda essa criação e destruição. Quando eu era materialista, achava que as coisas aconteciam no tempo linear. Mas não é bem assim. Tudo está se processando, mas nada está "acontecendo", na potencialidade. Só na manifestação as coisas acontecem de forma linear. Mesmo no caso da escolha retardada, retrocedendo no tempo, sempre temos uma sucessão linear de eventos que ocorreram antes.

Algumas pessoas se interessam muito por universos paralelos. Na verdade, essa questão não é científica, pois nunca poderemos conferir a resposta. Por definição, universos paralelos não podem se comunicar uns com os outros. O que me espanta é que a natureza fundamental da realidade repousa na impermanência do mundo e na impermanência das imagens que fazemos. Newton nos deu uma falsa noção de permanência e de determinismo – antagônica em relação a tradições espirituais como o zen e o hinduísmo. Mas agora estamos redescobrindo a natureza efêmera de tudo – a natureza dinâmica, criativa e pulsante de tudo. É assim que a física quântica está integrando novamente ciência e espiritualidade. Quando você prestar atenção na impermanência do mundo, quando abrir mão de atividades triviais e começar a explorar aquilo que realmente *é* permanente – os arquétipos –, então você terá se tornado um ativista quântico.

*capítulo* 11

# o princípio criativo

Existe uma tendência, no movimento da Nova Era, a usar as palavras "vontade de Deus" quando se discutem mudanças evolutivas. Na ciência quântica, porém, tendemos a usar o conceito de causação descendente para explicar a mudança evolutiva, evitando expressões mais religiosas e historicamente carregadas como "vontade de Deus". Enquanto eu desenvolvia as ideias apresentadas aqui, fiquei cada vez mais preocupado com essa expressão, "vontade de Deus". Os cientistas reconhecem que um princípio irreversível como a causação descendente tem de ser objetivo a fim de ser científico – talvez não objetivo no sentido newtoniano, mas tampouco dependente da subjetividade arbitrária. Mas a criatividade, no sentido quântico, não é subjetiva. Ela possui um aspecto subjetivo que decorre da falibilidade humana individual. Não que o *insight* criativo seja falível; é falível a representação mental do *insight* que fazemos com nossa mente subjetiva.

Deus é o princípio criativo por trás de um *insight* criativo. É fácil perceber isso se concordarmos que aquilo a que damos o nome de consciência quântica é o que as pessoas religiosas chamam Deus. Deus, portanto, é o autor da causação descendente. Mas o que motiva a ocorrência de determinada causação descendente – a vontade de Deus – em dada situação?

Como surgiu o mundo manifestado? Carl Jung afirmou que foi para tornar consciente o inconsciente. Isso pode ser válido como causa geral para qualquer manifestação, mas não nos diz por que uma possibilidade inconsciente específica se tornou consciente e não outra. Na verdade, isso se parece muito com a biologia de Darwin – probabilística, movida pelo acaso. A evolução descrita por Darwin pode ir para um lado ou para o outro. Mas não é assim que funciona a evolução.

Quando analisamos os dados fósseis, a evolução parece ter direcionalidade; existe ordem na própria evolução. Com efeito, essa é uma de suas características principais. Os fósseis começam como organismos muito simples e se tornam cada vez mais complexos à medida que a evolução prossegue. Assim, a passagem do tempo fica clara na complexidade crescente dos registros fósseis. Mas o darwinismo não traz em si qualquer direcionalidade que favoreça a complexidade. As mutações genéticas são aleatórias, e aleatório significa sem direção. A natureza tampouco seleciona com base na complexidade. Ela seleciona com base na fecundidade – qual mutação produz a maior progênie. Assim, o darwinismo, como teoria da evolução, talvez nunca vá demonstrar uma "flecha do tempo" na direção da complexidade crescente.

## Evolução quântica

É nesse ponto que a ciência quântica pode ajudar. Numa visão de mundo quântica, a evolução é vista como uma evolução das *representações* das possibilidades sutis da consciência no mundo. Entre os quatro tipos de experiência – sensação, sentimento, pensamento e intuição – há uma graduação. A sensação é densa; o sentimento é sutil; o pensamento é mais sutil; e a intuição é muito sutil. No contexto da evolução, há representações dos menos sutis – representações das energias vitais na matéria, aquilo a que chamamos vida. E são feitas representações cada vez mais sofisticadas do vital à medida que se dá a evolução da vida. Os órgãos tornam-se cada vez mais sofisticados e associados aos chakras mais e mais elevados com o passar do tempo, com o aumento da complexidade dos fósseis. Logo, a ideia da evolução é tornar *cada vez melhores* as representações das possibilidades sutis da consciência no mundo, além de fazer representações mais e mais sutis.

Só depois que as representações da energia vital na matéria foram mais ou menos completadas é que a evolução produziu a capacidade para representações mentais. Com o desenvolvimento do neocórtex, surgiu a habilidade de mapear a mente e a evolução progrediu com o aprimoramento da aptidão da mente na atribuição de significados. Será que nós, humanos, estamos no alto do totem evolutivo? Pode ser que sim. Na teoria quântica, a evolução não regride; não precisamos nos preocupar com um planeta dos macacos no futuro.

Primeiro, a mente atribuiu significado ao mundo físico; assim, os humanos, quando ainda eram caçadores e coletores, foram os primeiros a atribuir significados. No estágio seguinte da evolução, na época da agricultura em pequena escala, a mente começou a atribuir significado às energias do mundo vital. Homens e mulheres trabalharam juntos como agricultores. Interagiram e tiveram batalhas emocionais e relacionamentos, e a partir deles evoluíram os circuitos cerebrais emocionais negativos. Desenvolveu-se a consciência tribal não local, e assim essas interações beneficiaram todos os membros da tribo, até a humanidade como um todo. Nossos ancestrais podem ter chegado a explorar um pouco os arquétipos, fazendo representações que hoje chamamos de arquétipos junguianos do inconsciente coletivo.

Depois veio a época em que a mente atribuiu significado à própria mente – a era do pensamento racional abstrato. Ela começou com a agricultura em larga escala. Os proprietários de terras agregaram terrenos individuais e a consciência tribal enfraqueceu, junto com a não localidade. Os proprietários de terras subiram ao topo da hierarquia; eles tinham o poder, converteram-se na aristocracia e os demais tornaram-se servos. O pensamento racional produz sua própria hierarquia. No passado, produziu uma hierarquia religiosa que interagia bem com a aristocracia. Até hoje lutamos contra esse elitismo.

A etapa seguinte na evolução da mente ocorreu quando a mente atribuiu significado à intuição e incorporou esse significado por meio da criatividade. Podemos chamá-la de mente intuitiva ou arquetípica. É por isso que a criatividade fundamental interior é tão necessária hoje. Ela também enfatiza a importância da integração entre pensamento racional, emoções e sentimentos.

Bem, e qual será o futuro da evolução quando acabar a era da mente intuitiva? Com o andamento do processo, um dia aprenderemos a fazer representações do supramental diretamente no corpo. Vamos aprender a representar um arquétipo, a incorporar um arquétipo. Na verdade, quando isso acontecer, seremos incapazes de *não* incorporar esse arquétipo. A seletividade e a preferência sairão de cena em prol do unitivo, do coletivo. E isso sugere que essa progressão pode continuar, pois, assim que tivermos a capacidade de representar o supramental em nós mesmos, vamos nos fazer a pergunta: Será que há experiências superiores ainda mais sutis do que os arquétipos supramentais?

Certa vez tive uma experiência que, na ausência de outras palavras para descrevê-la, só posso chamar de *satori* ou *samadhi*. A experiência durou dois dias, ao longo dos quais minha capacidade de amar não demandou esforço. Amei a tudo e a todos sem qualquer dificuldade. Depois de dois dias, a habilidade aos poucos desvaneceu. Mas foi o mais próximo que já estive de incorporar um arquétipo como o do amor. Durante dois dias, tive a impressão de que *eu era amor*.

Cheguei a essa experiência por meio de uma prática de meditação chamada *japa*, em sânscrito, que descrevo em meu livro *Criatividade para o século 21* (2014). Dediquei-me intensamente a essa prática durante sete dias inteiros. Creio que a intensidade foi importante. Também foi importante realizá-la dentro dos parâmetros do meu estilo de vida habitual – meu trabalho, minhas aulas, minhas interações com os estudantes, minhas interações com minha esposa. Em retrospectiva, percebo que houve nessa prática um verdadeiro processo criativo – um processo cujo efeito, o "instinto" amoroso, embora temporário, não consegui tornar a reproduzir. Em geral, quando temos uma experiência, criamos a memória e podemos reviver essa memória, pelo menos em parte. Nesse caso, porém, tenho a memória dessa experiência, mas não consigo trazer de volta o seu efeito. É diferente de toda e qualquer experiência que já tive. Normalmente, consigo até "re-sentir" os sentimentos envolvidos numa experiência e trazer de volta alguns dos efeitos que a acompanharam.

Isso me leva a crer que uma incorporação arquetípica como essa é uma experiência muito transitória, provavelmente ligada a uma coerência temporariamente induzida na ação das configurações neuronais. Quaisquer configurações coerentes do cérebro que tenham existido naquele período de tempo já se foram e não podem ser recriadas exclusivamente por meio da memória e da vontade. Portanto, para chegarmos à incorporação do supramental, temos de desenvolver capacidades inteiramente novas, talvez estruturas cerebrais coerentes inteiramente novas. Infelizmente, temos um longo caminho a percorrer. Ainda nem terminamos o quarto estágio da evolução mental – a mente intuitiva.

Francamente, não sabemos o que acontece para além da incorporação do supramental. Somos criaturas da mente, e só podemos experimentar o supramental como intuição – como experiência espontânea. Mas não temos a capacidade de representar diretamente a própria intuição como memória sem a intermediação do pensamento e do sentimento. Só quando desenvolvermos a capacidade de produzir uma representação direta como memória mais permanente é que conseguiremos atingir o nível seguinte da experiência sutil. Para seres vitais como peixes, que não possuem mente, será que a mente pode ser "intuída?" Não, pois os peixes sequer possuem um cérebro emocional. E os mamíferos primitivos não têm ideia de valores supramentais – eles não têm ética. É preciso subir pela escala evolutiva até os gorilas ou chimpanzés para encontrar comportamento ético. Por isso, temos de levar em conta o próximo nível da evolução para que possamos começar a ver o que há além do arquetípico.

## Direcionalidade e a vontade de Deus

A lei que se declara muito abertamente quando estudamos a evolução segundo a visão quântica é a seguinte: a evolução avança à medida que se realizam representações cerebrais cada vez melhores dos arquétipos por meio da intermediação da mente e do corpo vital nesse estágio do processo. A declaração geral da lei é que a evolução ocorre no sentido de produzir representações cada vez melhores do sutil. No atual estágio de nossa evolução, o sutil que ainda falta ser representado são os arquétipos. Logo, a evolução se move na direção da elaboração de representações mentais e vitais cada vez melhores dos arquétipos, e de incorporações cada vez melhores deles.

Num contexto religioso ou da Nova Era, essa é a "vontade de Deus". Noutras palavras, a vontade de Deus é intencional, e seu propósito nesta época é criar representações cada vez melhores dos arquétipos — mais amor, mais beleza, mais justiça, mais bondade, mais abundância, mais plenitude. Num contexto quântico, poderíamos dizer que a vontade de Deus busca a direção intencional na qual nossa consciência se desenvolve. Poderíamos dizer que a vontade de Deus é exercida com o propósito de fazer a representação, a incorporação dos arquétipos em nós, cada vez melhor e mais rica, mais e mais profunda.

Mas esse propósito nem sempre se manifesta no mundo. É claro que podemos dizer objetivamente que somos menos violentos hoje do que no início dos anos 1940, quando travávamos uma guerra mundial. No tempo presente, não podemos sequer compreender o retorno a um mundo no qual a guerra é a principal realidade. Eventos desafiadores como os que acontecem hoje no Oriente Médio e no Leste Europeu teriam causado uma guerra mundial no século passado. Atualmente, pensamos nas consequências de um resultado desse tipo e permitimos que pensamentos racionais como necessidade econômica se sobreponham à nossa tendência instintiva de violência e dominação. O mesmo se aplica ao livre mercado, cuja operação não pode se dever a interações materiais entre partículas elementares. Os cálculos envolvidos nas ações e reações sociais são significativos e intencionais. Portanto, devem ter uma fonte causal não material – a causação descendente. E isso pode ser expresso como um movimento evolutivo da vontade de Deus no mundo. Os movimentos evolutivos da consciência são as mãos invisíveis que impelem tais eventos.

Existe alguma razão para pressupor que a vontade de Deus é diferente da nossa vontade como seres humanos? Não. Na criatividade, entramos em sincronia com a vontade de Deus. Quando manifestamos uma ideia criativa, porém, às vezes não conseguimos ver a vontade de Deus em cada etapa, pois não temos o quadro completo. Isso pode resultar no mal, como no caso da bomba atômica. O mecanismo para a manifestação da vontade de Deus por nosso intermédio ainda é falho, e por isso o mal pode acontecer até sob a vontade de Deus. Isso causa confusão. Esse mecanismo, porém, vai se aprimorar no sentido do bem à medida que evoluirmos. Nossas representações vão melhorar, e começaremos a entender com mais clareza o que é compatível com o bem e o que não é. É assim que vamos aprender a evitar o mal.

A vontade de Deus não é auto-organizadora da intenção de Deus. Deus – ou seja, o agente criativo da consciência quântica – não é o *self*. Lembre-se, o *self* só é criado pela manifestação. Sem manifestação não há *self*. Existe apenas a consciência e seu potencial para escolha. Tudo que podemos dizer é que essa escolha é objetiva – essa escolha, quando sofre colapso, precisa ser benéfica para a evolução. Esse é o único critério. Se a escolha produzir representações cada vez melhores do sutil, ela vai se manifestar. É simples assim.

A vontade de Deus é o poder causal da consciência-Deus. Não a *consciência de Deus*, que soa como se Deus fosse um indivíduo. *Consciência-Deus* – consciência não local. Portanto, a vontade de Deus é totalmente objetiva. Na antiga visão de mundo religiosa, a consciência-Deus era uma coisa distante de nós. Rezávamos para ela: "Por favor, faça isto ou aquilo". Se pensarmos que Deus existe à parte de nossa consciência, voltamos à antiga tradição. Mas sabemos experimentalmente que o Deus quântico pode *parecer* separado de nós, mas não é – embora o ego não admita isso. Toda mudança evolutiva importante só acontece por meio de seres manifestados. Lembre-se da teoria da mensuração quântica: nenhum evento acontece sem um observador. Mesmo os movimentos evolutivos acabam ocorrendo por meio de movimentos individuais manifestados, ainda que agindo coletivamente.

## O ego e Deus

Então, estamos separados de Deus em todos os eventos? Não, no momento criativo não estamos separados. Quando a aparência de separação desaparece, tornamo-nos criativos. Na experiência do *self* quântico, vemo-nos separados de Deus por uma margem ínfima – como o dedo de Adão estendendo-se para tocar a mão de Deus na obra de Michelangelo.

A separação que impomos a nós mesmos é uma imposição da ignorância que surge no nível do ego e vai se embrenhando à medida que o ego adquire uma *persona*. E essa ignorância é compulsória. Não há como fugir dela. A hierarquia entrelaçada do cérebro, com o condicionamento que resulta do *feedback* da memória do cérebro, torna essa separação compulsória. Sempre que estamos tendo uma experiência, provamos a separação. As únicas exceções ocorrem quando experimentamos aqueles pequenos momentos do movimento quântico – os saltos quânticos. É possível escapar da separação entrando num estado inconsciente ou semelhante ao sono (falarei sobre isso mais adiante). Mas o melhor que podemos fazer no estado de vigília é construir a vida de maneira a nos tornarmos desapegados, evitando o envolvimento com nossos padrões egoicos. Para escapar, temos de viver de maneira a não cair nos circuitos cerebrais emocionais negativos nem nos hábitos negativos do ego. É complicado e difícil, mas viável.

Com efeito, não faz sentido perguntar se Deus está separado de nós. A separação é uma ilusão, uma aparência. Existe apenas uma consciência. Imaginamos estar separados por causa da hierarquia entrelaçada e das memórias em nosso cérebro. No entanto, a experiência da separação na manifestação humana é compulsória, e a única maneira de escapar dela é dar um ou dois saltos quânticos ou viver no inconsciente.

Minha opinião pessoal sobre isso baseia-se na visão de mundo proporcionada pela ciência quântica. O Deus da ciência quântica é objetivo, científico. Deus é o agente criativo da consciência quântica, que é não local. Deus faz escolhas com base num critério estritamente objetivo: elas farão a evolução avançar ou não? Às vezes, isso pode levar a escolhas que, no curto prazo, resultam em eventos que podem ser entendidos como maléficos. Mas Deus só permite o mal porque ele pode ser necessário para a evolução das espécies no longo prazo.

Deus também tem um papel secundário em nossa vida, um papel que não podemos negar. Em momentos de desespero, com frequência invocamos Deus de forma bem pessoal. E quem é esse Deus pessoal? Lembre-se de que o *self* existe em dois níveis: o *self* que chamamos de ego, o *self* condicionado; e o *self* primário, que entra em cena quando somos criativos, o *self* quântico. O *self* primário é universal, mas se manifesta num corpo-mente individual. Portanto, temos um relacionamento pessoal com o *self* primário, pois nós o encontramos quando somos criativos. Pesquisadores da criatividade têm chamado esse encontro de *a experiência de fluxo*. Quando temos uma experiência de fluxo, fluímos suavemente entre a consciência do ego e a consciência quântica do *self*.

Nós conhecemos pessoalmente esse *self* e, em momentos de desespero, buscamos esse fluxo. Buscamos o *self* quântico e nos perguntamos por que ele se tornou convenientemente separado, por que ele não surge de imediato para aliviar a crise pela qual estamos passando. Choramos; rezamos. E o *self* quântico acaba respondendo. Quando isso acontece, as intuições começam a despontar. São essas as experiências em que nos concentramos. Como cientista, porém, sei que o *self* quântico não tem nenhuma eficácia causal, que se encontra na consciência quântica ou em seu agente de causação – Deus. Mesmo que não seja possível nenhum relacionamento pessoal com esse agente de causação – Deus, ou a consciência –, é lá que reside toda causalidade quântica. E só posso buscar essa causalidade alinhando-me com o propósito evolutivo da humanidade.

*capítulo* 12

# reencarnação quântica

O conceito de karma está no centro da crença na reencarnação. Do ponto de vista ocidental, o karma opera como um princípio mais ou menos objetivo pelo qual ações desta vida determinam resultados em vidas futuras. Acumulamos karma por meio de nossas ações e experiências; morremos; reencarnamos de maneira consistente com o karma que acumulamos. Do ponto de vista oriental, o karma opera como um princípio espiritual em que tanto intenção quanto ação influenciam existências futuras. Acumulamos karma por meio de intenções que contribuem para a felicidade ou para o sofrimento num *continuum* cármico; morremos; reencarnamos como parte desse *continuum*.

Segundo a perspectiva da ciência quântica, porém, o karma nada mais é do que um condicionamento de vidas passadas. Certa vez, um participante de uma conferência me perguntou: "Veja o caso de alguém muito pobre na África Ocidental, vivendo na imundície, com fome e privações. Essa pessoa pode ficar sentada o tempo todo com a intenção de que terá dinheiro, mas o dinheiro não virá. O karma tem alguma coisa a ver com a razão para que o dinheiro não apareça para essas pobres pessoas?". Noutras palavras, ele estava fazendo a pergunta segundo a perspectiva ocidental. Ele estava questionando se a ciência quântica sugere que somos colocados nesta vida para que a consciência-Deus manifeste determinadas experiências no corpo físico, e não importa o que façamos, será essa a intenção *desta* vida *neste* corpo.

Respondi segundo a perspectiva quântica. Eu disse a ele que não creio ser a vida na Terra um karma predestinado ao sofrimento; não creio que a morte seja apenas a transição de um karma predestinado para outro. Acredito que o karma nada mais é do que um condicionamento de vidas passadas, e que alguns tipos de condicionamento podem impedir que nossa consciência se expanda. A isso damos o nome de *karma negativo*. Condicionamento é o que produz a identidade do ego. A identidade do ego é a confluência de todos os nossos padrões de hábito condicionados desta vida *somados* a alguns de vidas passadas. Logo, o karma é apenas uma grande parte do condicionamento do ego.

Com efeito, o karma negativo pode ser simplesmente um condicionamento que nos impede de manifestar a criatividade, de manifestar a intenção. Do mesmo modo, o karma positivo pode ser apenas um condicionamento que nos ajuda a ser criativos e a realizar nossas intenções. Mais importante ainda é que o karma – como o condicionamento – não é compulsório. É apenas uma tendência. Nós podemos ser criativos apesar do karma negativo e do condicionamento; portanto, podemos expandir a nossa consciência e superar as barreiras que impedem a realização de nossas intenções. Para fazer isso, porém, precisamos conhecer a criatividade. Precisamos acreditar no processo criativo, dedicando-nos a ele. Há uma extensa literatura sobre esse tema. Então, se você estiver preso a um karma negativo ou ao condicionamento, ouça o que digo: "Acorde! Você pode obter ajuda". Explore algumas das ideias que apresento em meu livro *Criatividade para o século 21* (2014), que fala da nova ciência da manifestação como um aspecto da ciência quântica.

# Ondas cármicas de possibilidade quântica

Acreditar no karma equivale a acreditar na reencarnação. Entretanto, para alguns, é difícil pensar que morremos literalmente, que somos enterrados e voltamos noutro corpo. Essas pessoas têm dificuldade para explicar como a "alma" material sobrevive a um corpo agonizante e reencarna noutro corpo. Não é mais fácil acreditar que nós, em todas as nossas encarnações, existimos simultaneamente, tudo de uma só vez? Nesse modelo, uma memória reencarnatória entra em contato com outras vidas, pois nós as experimentamos simultaneamente. Na visão quântica da potencialidade e do acesso não local, isso faz sentido, mas não é um modelo que concorde com todos os dados empíricos.

Na ciência quântica, a essência daquilo a que chamamos alma consiste em padrões de hábito – mentais e vitais –, e tal essência continua mesmo após a morte. Assim, podemos experimentar essas continuações, esses padrões contínuos, num momento e num lugar futuros, num corpo futuro. Essa é uma interpretação válida daquilo que acontece na reencarnação, e os dados a evidenciam. Nessa visão, a alma não é feita de substância material – não é feita de energia, nem de substância sutil, nem mesmo de energia sutil. Ela não tem nada de substancial. Ela é apenas um padrão de hábitos. Chamo esses padrões de *memória não local*. Se no futuro alguém usar (ou herdar) minhas memórias, essa pessoa pode ser chamada legitimamente de minha reencarnação – mas não no sentido de uma alma substancial viajando desde o meu corpo até um corpo futuro. A transmigração é mais sutil do que isso; essa sutileza precisa ser compreendida caso você queira aceitar a reencarnação numa visão quântica. Em meu livro *A física da alma* (2001), apresento uma explicação completa sobre isso e mostro como a ciência quântica pode ser totalmente compatível com a reencarnação. Além disso, apresento dados que sustentam essa explicação.

Se você admitir que o corpo físico desaparece para sempre com a morte, não vai errar muito. Alguns de nossos rituais de sepultamento podem nos enganar, pois tendemos a pensar que alguma coisa está sendo preservada no corpo enterrado. Não, o corpo físico simplesmente morreu. Acabou. Mas nossos aspectos mais sutis – como usamos nossos corpos vital, mental e supramental, nossa própria consciência – permanecem. Os padrões ou maneiras como aproveitamos as experiências acumuladas durante a nossa vida – os padrões que definem nosso ego-caráter – continuam vivos, de forma bem real. E esses padrões podem ser reciclados. É a essa reciclagem que damos o nome de reencarnação.

Outros pesquisadores, porém, continuam a pensar de modo diferente. Não raro descrevem a consciência da alma como uma frequência ou um campo. E surgem perguntas sobre como essa frequência (ou campo) é contida, o que causa mais confusão. Esse tipo de argumento usa a linguagem comum da ciência anterior ao desenvolvimento da teoria quântica, abordando o karma segundo uma perspectiva ocidental. Mas se você mudar só um pouquinho a terminologia desse argumento, ele capta a verdade essencial daquilo que a teoria quântica está dizendo. Noutras palavras, não leve ao pé da letra a palavra "frequência". Pense nela como uma qualidade de onda, uma onda de possibilidade quântica. A essência da alma, como a descrevo – esses padrões de memória não local que reencarnam –, são as mudanças nas probabilidades da potencialidade quântica, mudanças na probabilidade associadas a ondas de possibilidade quântica. Por isso se assemelham à modulação de uma frequência, como numa estação de rádio FM. São parecidas com a modulações de frequência; não à frequência em si, mas à modulação da frequência. E experimentamos uma modulação similar dessas ondas de possibilidade durante a nossa vida. Noutras palavras, as probabilidades dessas possibilidades são moduladas pela maneira como experimentamos a vida, pelo modo como nos condicionamos e pela forma como desenvolvemos nossos padrões.

Apesar de não ser muito diferente da maneira como as ondas de frequência modulada vão de uma região para outra, não é um processo exatamente igual. Você precisa compreender a analogia, mas não em termos de algo como uma onda ou energia percorrendo de fato uma distância finita na forma de sinal. Em vez disso, imagine-a em termos de padrões de uso da potencialidade que estão sendo transferidos de um lugar e de um momento para outro lugar e momento, de maneira não local.

A pergunta realmente importante é: Por quê? Por que percorrer esse ciclo melodramático de nascimento, morte e renascimento? Essa é uma questão para um capítulo posterior.

## O sono da morte

Na perspectiva oriental, quando uma pessoa morre, diz-se que ela "passou para o outro lado do mundo". De fato, o sono é visto como uma pequena versão da morte, e o despertar, como uma pequena versão da reencarnação. Adormecemos; entramos num estado espiritual (o inconsciente); acordamos.

Do ponto de vista quântico, a experiência do sono é um bom lugar para se começar quando o assunto é a natureza da morte. Na física quântica, o sono é o estado do inconsciente, no qual não existe divisão sujeito-objeto. O sono é necessário porque o mecanismo da hierarquia entrelaçada no neocórtex exige repouso.

De modo análogo, sabemos que o mecanismo geral que temos no cérebro para criação e recuperação de representações de significado sutil se atrofia com a idade, a menos que nos dediquemos a atividades criativas. Isso vai ficando mais evidente à medida que nos aproximamos da meia-idade. Quando chegamos à velhice, encontramos problemas físicos e mentais que podem parecer intransponíveis. Assim, na visão de mundo quântica, parece correto dizer que a morte é como um sono prolongado.

De fato, todo o mecanismo mente-corpo precisa ser renovado. E de certo modo, essa é a essência da reencarnação. Mas, depois que dormimos, acordamos plenamente cientes da continuidade com nosso estado de vigília anterior. Como podemos saber se essa continuidade sobrevive à morte? Como podemos saber que pelo menos uma parte de nós sobrevive num cérebro e num corpo futuros? Os bebês, por exemplo, não costumam compartilhar memórias reencarnatórias da linguagem adulta. Eles precisam aprender a falar do zero. Mas crianças do mundo todo se lembram de encarnações anteriores e falam delas. Por isso, é muito tentador presumir que pelo menos uma parte de nós não só sobrevive à morte como reencarna também. E a física quântica pode nos oferecer uma solução positiva e constatável para esse paradoxo da sobrevivência e da reencarnação.

Vamos continuar com a analogia com o sono. Ao acordar, como você sabe que é a mesma pessoa? Você sabe porque existe uma continuidade da memória. De modo análogo, será que existe algum tipo de continuidade da memória entre uma encarnação e outra, aplicável a todas as pessoas? Nossa tendência é acreditar que a memória reside no cérebro. Entretanto, quando aplicamos a física quântica ao cérebro e à mente correlacionada, temos um conceito chamado memória quântica – a memória que se encontra fora do espaço e do tempo, e não no cérebro. Logo, com a teoria quântica a nos guiar, a sobrevivência após a morte e a reencarnação tornam-se bem plausíveis e viáveis.

## Caráter – O gene da continuidade

Algumas tradições veem de outra forma a continuidade necessária para a reencarnação. Por exemplo, numa dada vida, duas pessoas que têm um relacionamento conturbado acabam voltando como marido e mulher na encarnação seguinte a fim de superar os desafios que os frustraram na vida anterior. Isso implica uma forte continuidade da memória. Mas é outro tipo de continuidade, diferente da continuidade da ciência quântica. Essa é uma continuidade do próprio enredo entre pessoas que se mantêm correlacionadas não localmente ao longo de encarnações. O conceito de alma gêmea tem uma lógica similar.

É crucial lembrar, porém, que aquilo que define o ego é apenas parte da história que criamos. Há coisas além do enredo que definem a identidade do ego. Com efeito, o enredo é criado como um efeito colateral daquilo que é realmente importante: aquilo que aprendemos, ou o padrão do próprio aprendizado, o padrão de hábitos que criamos em torno de nosso aprendizado. O enredo de nossa vida costuma sofrer mudanças importantes. Algumas pessoas podem até descobrir que seu enredo não é tão importante. Muito poucas vão defender seu enredo – como um rico que fica pobre e vice-versa. Várias lidam filosoficamente com isso; percebem que o caráter permanece essencialmente o mesmo, independentemente do enredo. Mesmo no decorrer de uma encarnação, precisamos dar mais peso ao caráter, pois ele não muda depois de formado, ainda que o enredo continue a mudar.

Mas se a memória quântica se aplica ao caráter e o caráter é armazenado de forma não local, então deve haver alguma indicação de que valorizamos mais nosso caráter do que o nosso enredo. Quando nos analisamos, geralmente percebemos que o nosso enredo não é muito diferente do enredo das outras pessoas. Uma parábola sufi fala de um rei que pediu a seus sábios – seus magos – que contassem o enredo essencial da vida humana resumindo-o numa única frase. Todos concordaram em dizer: Nascemos; sofremos; morremos. Quem pode objetar? Bem, eu preferiria algo assim: Nascemos; sofremos e aprendemos; usamos o sofrimento como um trampolim para explorar a criatividade; morremos. Mas se o sofrimento é infrutífero, ou se usamos o sofrimento como trampolim para a criatividade ou para mais sofrimento, essas são questões decididas fundamentalmente por nosso caráter. Logo, a qualidade de sua vida depende totalmente de seu caráter, embora seu enredo possa ser essencialmente o mesmo que o de outra pessoa.

Na cultura japonesa, há um personagem chamado *samurai* que depende totalmente da defesa de sua honra como guerreiro. Atente para esta história.

> Os pais de um samurai são assassinados por um inimigo. A pressão social exige que o samurai defenda a honra de sua família

enfrentando e destruindo esse inimigo. O samurai entra em combate e luta com grande coragem. No final, derrota seu oponente e está prestes a matá-lo, mas o inimigo olha para ele com grande ódio e cospe nele. Para surpresa de todos, o samurai se afasta.

Seus parentes e companheiros ficam furiosos. "Você o deixou viver para formar outro exército!", gritam. "Como explica seu comportamento estranho?" O samurai responde: "Quando ele cuspiu em mim, por um instante senti um ódio muito grande. Como samurai, jurei nunca matar por motivos pessoais. E o ódio é muito pessoal. Minha honra pessoal deve ter precedência sobre minha honra social e familiar".

Muitas culturas antigas tinham um conceito de honra parecido com esse. Júlio César atravessou o Rubicão para defender sua honra. Os cavaleiros da Távola Redonda do Rei Artur eram famosos por defender sua honra pessoal, bem como a daqueles que estivessem sob sua proteção. A visão de mundo quântica propõe que esse caráter – o padrão de hábitos, o padrão de aprendizado vivido por todos nós – é não local. O caráter não está armazenado no cérebro, mas existe fora do espaço e do tempo. E é o caráter que renasce de uma encarnação para a seguinte. Perceba ainda que esse caráter em curso é dinâmico; recebe contribuições de cada encarnação. Muitos chamam essa entidade sobrevivente de alma. Em meu livro *A física da alma* (2001), chamo-a de mônada quântica. No mundo da possibilidade, da potencialidade, muitas possibilidades residem juntas no Um.

Mas isso provoca uma pergunta intrigante: O que motiva um evento de nascimento? O que leva o pai e a mãe a escolherem se unir, conceber e ter um filho? Do ponto de vista da teoria quântica da reencarnação, podemos dizer que a criança tem certa predisposição, antes mesmo de nascer, para fazer parte de determinada família, com determinados pais. O caráter, que é a memória não local, precisa encontrar moradia num novo ambiente, num novo corpo, num novo cérebro. E a construção desse novo cérebro e desse novo corpo depende dos genes, que são a contribuição dos pais. A constituição e o desenvolvimento da criança vão depender da composição da família e de normas culturais. Noutras palavras, os atributos da forma dependem dos genes; os atributos do desenvolvimento dependem da cultura e da família.

Sugiro que exista uma lei universal da reencarnação segundo a qual há uma coordenação entre as diversas potencialidades e propensões – o padrão de encarnações anteriores ou a história que a criança expressa, os genes que formam o corpo físico, a cultura na qual a criança nasce e a provável formação que a criança terá após nascer. Na Grécia Antiga, Platão dizia que a alma individual (a mônada quântica) escolhe seus pais. Mas essa escolha pode ser parte de uma lei universal. Noutras palavras, o universo pode conspirar de maneira a criar uma sincronia ou congruência entre as propensões inatas e a constituição genético-cultural dentro da qual nascem essas propensões.

Assim, a criança nasce com certas características físicas representadas pelos genes, e com certas predisposições. E essa criança vai crescer num ambiente que irá influenciar seu condicionamento no início da infância. Mas essa criança também nasce com certas propensões ou predisposições disponíveis desde encarnações passadas. Porém, são apenas predisposições. Para se manifestarem, o ambiente da criança precisa provocar seu uso. Às vezes, há um grande descompasso no desenvolvimento inicial, impedindo que os elementos de caráter herdados de encarnações anteriores pela criança encontrem expressão adequada. Por exemplo, o chamado "idiota-prodígio" ou "savant" pode ser excepcional numa área específica e mentalmente limitado na maioria dos outros aspectos da vida. Sua formação é tal que o caráter da criança permanece atrasado em termos de desenvolvimento; nunca consegue manifestar ou acionar o gênio trazido de encarnações anteriores. Se, subitamente, esse indivíduo ativa essas propensões geniais, elas ganham expressão. É frequente vermos esse fenômeno em crianças autistas.

## A lei do karma herdado

Bem, e por que determinada criança herda determinado pacote de propensões de vidas passadas – um caráter específico? Por que não outras? Na resposta a essa pergunta há uma nova lei do universo. Da física quântica, conhecemos o conceito de memória não local. Mas os dados empíricos sugerem que duas pessoas não usam a mesma confluência de propensões reencarnatórias; a propensão reencarnatória vai de um único ser para outro ser numa cadeia linear, não muito diferente de um colar de pérolas. Assim, postulamos que existe uma lei no universo (à parte das leis físicas) que determina uma cadeia completa de pessoas correlacionadas, entrelaçadas, que irão participar dessas encarnações sucessivas de uma existência mais geral que chamo de mônada quântica. Esse caráter não local, persistente e em desenvolvimento, que ocorre fora do espaço e do tempo e para além de encarnações individuais separadas, pertence ao domínio da potencialidade. Assim, de modo dinâmico e contínuo, todas essas reencarnações usam as propensões contidas na mônada quântica (ver Figura 14).

Na figura, o primeiro personagem (à esquerda) é uma encarnação – uma mônada quântica que representa a unidade. O segundo personagem (no meio) é uma *re*encarnação daquela representação. O terceiro personagem (à direita) é uma encarnação subsequente daquela reencarnação. Os três existem em potencialidade, aguardando o nascimento. Quando o primeiro morre, há outra encarnação que, no futuro e por desígnio universal, vai usar as propensões em curso daquela vida anterior. Quando essa segunda encarnação morre, aparece uma terceira. Esse processo continua segundo uma lei do universo que estou propondo e que é uma espécie de lei do karma herdado. A sincronia dos pais, a cultura e a educação, junto com as propensões que estão disponíveis para o bebê renascido, fazem parte dessa lei – a lei do karma herdado.

Vamos supor que eu seja a primeira pessoa dessa série. Eu nasci; vivi um enredo; morri. Meu enredo não renasce como memória no cérebro de minha nova encarnação. Porém, por trás

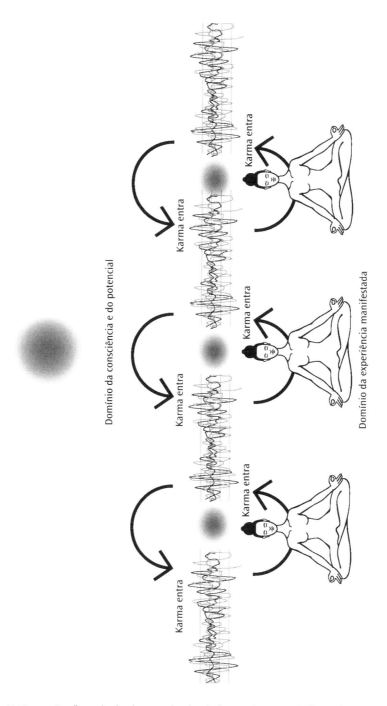

Figura 14. Propensões (karma) criando um colar de pérolas contínuo através de nascimento, vida, morte e renascimento.

desse enredo, existe também um caráter. O enredo é o conteúdo de minha existência — meu nome e outros detalhes. Por exemplo, eu nasci numa pequena cidade da Índia, perto de Calcutá. Esse conteúdo inclui sofrimentos específicos, como a malária que tive na infância ou o trauma de um confronto entre hindus e muçulmanos que testemunhei. Mas o cérebro de bebês recém-nascidos não está carregado de memórias de enredos de encarnações passadas. Meu enredo atual é tudo que existe em minha memória cerebral, e essa memória vai morrer comigo. É verdade que, como possibilidade quântica, essa memória fica para sempre no domínio da potencialidade; mas sem o cérebro ela não será reforçada repetidamente pela recordação. Por isso, será cada vez mais difícil resgatá-la em encarnações futuras. Ainda assim, um número surpreendente de pessoas, especialmente crianças cuja identidade com suas vidas passadas ainda é forte, recordam-se de memórias de existências anteriores, como sugerem os dados do psicólogo Ian Stevenson.

Agora, vamos voltar ao caráter. A forma como lidei com meu enredo enquanto ele se desenvolvia na minha infância, como meu trauma desafiou minha formação e acabou me projetando para o campo da física — tudo isso faz parte do meu caráter. As experiências que tive na construção de meu enredo estabeleceram padrões de comportamento que contribuíram para o meu caráter.

Dados empíricos de experiências de quase morte sugerem que, no momento da morte, temos uma experiência panorâmica com nossas vidas passadas, presentes e futuras. Essa é a nossa última chance de influir no que vai acontecer no futuro, que ainda é potencialidade. Essa experiência panorâmica na hora da morte faz parte da nossa experiência cognitiva. E temos a oportunidade de influenciar o futuro por meio daquilo que a nova ciência quântica chama de intenções. De certo modo, cada um de nós pode tentar criar uma parte importante de nossas encarnações futuras valendo-nos de nossas intenções durante essa experiência panorâmica. Se nossas intenções ressoarem com a intenção da totalidade, podem até se concretizar. Mas isso significa que meu enredo vai continuar? Não.

Você precisa ser imparcial com relação a isso. O bebê que vai herdar as propensões que você criou será *você*, de algum modo? Não você como um todo, claro, mas uma parte importante de você, pois você contribuiu para o caráter dessa futura pessoa. Noutras palavras, contribuímos substancialmente para o futuro, e é muito bom saber disso. Por outro lado, é prudente abrir mão da ideia de que você — como herói desse enredo, de uma vida vivida — vai voltar para dar continuidade ao enredo. E, na verdade, será que você realmente quer que isso aconteça? Pense bem: quando você morrer (caso morra de velhice), seu enredo terá sido representado. É hora de ir em frente. O *você* da nova encarnação terá uma página em branco, um novo começo. Ninguém quer nascer com o fardo de um enredo cansado. É assim que a física quântica pode nos ajudar a escapar das rígidas leis determinadoras da vida e da morte numa visão de mundo newtoniana.

## Experiências de quase morte

A visão panorâmica que experimentamos no momento da morte representa uma visão não local do passado, do presente e do futuro da pessoa. Mas não devemos pensar nesse futuro como algo concreto. O futuro é sempre uma potencialidade. Você pode influenciar as probabilidades do futuro com suas intenções. E essas intenções certamente podem gerar uma possibilidade altamente provável de influir em seu renascimento. O que podemos aprender ao longo da vida é como ter intenções que ressoem com a intenção do todo. Imagine, por exemplo, um homem agonizante que tem uma visão específica: ele está renascendo como uma criança com certos pais num ambiente que seria perfeito para expressar seu caráter pretendido e causar o maior impacto possível sobre o mundo. Se a visão dele estiver em ressonância com a totalidade da potencialidade, com o movimento da consciência, então essa criança nascerá de fato desse modo.

São muitos os relatos de coisas assim acontecendo. Mas são detalhes sobre os quais a teoria não tem muito a dizer — só um comentário bastante genérico de que sim, isso é possível. Com a ciência, tudo que podemos constatar é que a experiência da morte é não local, como sugerem essas narrativas.

Será que a experiência da morte é uma abertura não local, como essas visões panorâmicas parecem indicar? As evidências sugerem que sim. Há dados substanciais apontando que, no momento da morte, a pessoa que acompanha um corpo agonizante experimenta um sentimento de intensa alegria. Na verdade, talvez seja justo dizer que uma das razões pelas quais algumas pessoas se oferecem para trabalhar voluntariamente em hospitais é ter essa experiência não local de alegria e paz que cerca um leito de morte. Também ouvimos de pessoas que tiveram experiências de quase morte que, ao deixarem seu corpo, foram envolvidas por uma presença invisível e se sentiram muito felizes. E essa conexão não local vale para os dois lados. Muitos já relataram que viram a presença vaga de entidades em torno de um leito de morte. Com efeito, algumas pessoas que passaram pela experiência de quase morte dizem ter encontrado parentes e professores espirituais, imagens facilmente reconhecidas como memórias arquetípicas junguianas do inconsciente coletivo.

Há ainda evidências objetivas de que os sobreviventes de quase morte tiveram experiências não locais. As pessoas descrevem, por exemplo, visões autoscópicas nas quais viram seu corpo na mesa de cirurgia do teto da sala. Chegam até a descrever detalhes da cirurgia que reanimou seu cérebro. Essa é uma prova empírica convincente de que a não localidade é possível no momento da morte. E ela acontece. Quando morremos e nossa identidade se move para o nosso corpo sutil, a consciência deixa de causar o colapso de possibilidades e de manifestá-las porque o cérebro está morto. Logo, se uma pessoa é ressuscitada, todas as experiências descritas por aqueles que passaram por uma EQM devem ter ocorrido retroativamente mediante escolha retardada – um colapso retardado.

Essas experiências de quase morte também são um grande apoio para argumentos a favor do fenômeno da reencarnação.

Mostram claramente que a sobrevivência à morte é um fato, pois, do contrário, como os pacientes poderiam se lembrar de qualquer coisa que teria "acontecido" após a morte? Embora só estejam se recordando de uma *memória* daquilo que aconteceu, os eventos que eles descrevem ocorreram realmente.

Do mesmo modo, no instante da morte pode haver a rememoração de eventos de escolha retardada; o cérebro pode ter produzido memórias dessas recordações. Naturalmente, um bebê recém-nascido não pode compartilhar as experiências de seu nascimento. Mas em alguns dos experimentos de Stanislav Grof, com sujeitos fazendo um tipo especial de respiração profunda chamada respiração *holotrópica*, indivíduos regressaram até o instante do nascimento e se lembraram da experiência de passar pelo canal de parto. Eles também se lembraram de coisas anteriores ao nascimento que só poderiam ter sido experimentadas retroativamente.

Assim, quando morro na realidade tridimensional, meu corpo morre e meu "eu" desaparece. Mas precisamos deixar muito claro o que é o "eu". Lembre-se, qualquer existência tem dois componentes. Um chama-se enredo – o conteúdo do cérebro de um indivíduo gerado por experiências. Entretanto, num nível mais profundo, o que define essa existência é o caráter, que processa as coisas de determinada maneira. Por exemplo, uma pessoa que explora o arquétipo do amor por meio da matemática assume o caráter de um matemático. Uma pessoa que explora o arquétipo da beleza assume o caráter de um artista. São elementos de caráter. E a ciência quântica nos diz que o caráter é um aspecto do ego mais profundo do que a personalidade ou do que o enredo. É a parte do ego armazenada não localmente, como memória não local.

## Conteúdo *versus* caráter

O neurofisiologista Karl Lashley idealizou um experimento que sugere a diferença entre conteúdo e caráter. Lashley estava tentando encontrar o ponto da memória no cérebro que é ativado quando aprendemos um comportamento. Ele ensinou ratos a encontrarem queijo num labirinto em forma de Y. Um braço do Y continha queijo; o outro braço dava um choque elétrico. Claro que os ratos aprenderam bem depressa a encontrar o queijo. Para descobrir a localização do ponto da memória desse aprendizado, Lashley começou a remover partes do cérebro dos ratos, presumindo que, se a memória – o aprendizado – desaparecesse, ela deveria estar contida na porção extraída.

Mesmo depois de remover 5% do cérebro de cinco lugares diferentes em cinco ratos diferentes, os ratos ainda conseguiam encontrar o queijo. Assim, ele repetiu o processo, removendo 10%, depois 20%. Contudo, após remover 50% do cérebro dos ratos – que já não conseguiam ver ou andar –, eles ainda se arrastavam pelo labirinto e encontravam o queijo. Lashley concluiu que a memória do aprendizado deve residir no cérebro todo. O neurofisiologista Karl Pribram, aluno de Lashley, desenvolveu uma teoria holográfica do cérebro com base nessa conclusão, que ganhou popularidade durante algum tempo.

Sem dúvida, uma conclusão igualmente válida seria a de que o aprendizado não reside no cérebro. E essa é a visão da ciência quântica. A memória quântica, as memórias não locais, não se encontram no cérebro físico. A memória cerebral consiste em episódios individuais de aprendizado – eventos que constroem conteúdo –, mas a propensão aprendida transcende a memória cerebral e é armazenada não localmente. Os episódios individuais de aprendizado que ocorreram quando os ratos encontraram o queijo foram armazenados no cérebro; mas a propensão geral que resultou de todos esses episódios individuais de aprendizado ficou armazenada fora do espaço e do tempo.

Do mesmo modo, minha propensão para pensar como um filósofo-cientista está armazenada não localmente, embora todas as experiências e histórias individuais que resultaram em meu aprendizado para pensar desse modo estejam armazenadas em meu cérebro. Sentei-me, li e pensei sobre aquilo que li de certo modo, num certo lugar, num certo tempo. Se esse episódio foi significativo, está armazenado em meu cérebro para que possa ser relembrado. Mas meu hábito como um todo – meu caráter, minha propensão a filosofar de maneira científica – está armazenado fora do espaço e do tempo e pode ser herdado pelo bebê que será minha próxima reencarnação. Assim, essa criança terá uma propensão já formada para filosofar de maneira científica. Se essa propensão for ativada, a criança será chamada de "filósofo científico nato" por seus pares.

Suponha que eu tenha passado meus primeiros anos como uma criança autocentrada. Quando amadureci, porém, tornei-me centrado nos outros, mais amável. No fim da vida, posso até ser considerado alguém "cheio de amor", "afetuoso". Mas qual é o meu caráter? Há dois fatores operando aqui: aprendi a mudar; transformei meu autocentrismo e aprendi a amar. Assim, *como mudar* e *como amar* serão elementos do meu caráter, armazenados na memória não local. Na próxima encarnação, quando essas propensões forem necessárias e acionadas, serão relembradas e se manifestarão na criança. É assim que funciona.

Aqui, a questão da ativação de propensões é crucial. A transferência ou transmigração de caráter exige que a criança reencarnada nasça num ambiente em que esses gatilhos estejam disponíveis com facilidade. Suponha que você tenha nascido numa família rica e passado pela mudança da maldade para o amor. Quando você morrer, essa memória estará armazenada na memória não local. Quando nascer novamente, não importa se na riqueza ou na pobreza, você ainda será amável nos relacionamentos depois que essa natureza amável for ativada. O amor é o arquétipo mais fácil de se ativar em qualquer situação de vida. Ou considere o caso de um homem rico que lentamente vai deixando de ser avarento para ser generoso. Na próxima encarnação, ele nasce novamente como pessoa rica. Nesse caso, a ativação é fácil, pois ele terá inúmeras oportunidades para demonstrar generosidade. Se nascer numa família pobre, porém, a generosidade não será tão fácil de ativar.

Veja o caso do matemático francês Évariste Galois, que nasceu numa família sem qualquer afinidade com a matemática. Ele só teve contato com a disciplina ao entrar na escola.

Um dia, acidentalmente, encontrou um livro sobre geometria e o leu. Esse evento foi o gatilho para que ele se tornasse um grande matemático, com talentos maravilhosos. Esse tipo de experiência "cristalizadora", tal como a chama a literatura especializada em criatividade, é um exemplo de gatilho (ver o livro de John Briggs, de 1990, *Fire in the crucible*). E talvez esse gatilho estivesse ativando uma propensão – um hábito do caráter – trazida de uma encarnação prévia.

Qual o gatilho para alguém nascer nesta vida, nesta época e lugar em particular? É aqui que a operação de uma lei universal que controla esses gatilhos torna-se essencial. Os gatilhos que ocasionam determinado nascimento em determinada época fazem parte de uma lei universal, e temos de decifrá-la empiricamente. Lembre-se, nascer não faz parte das propensões armazenadas não localmente. Os indivíduos que são e serão parte desse colar de pérolas em andamento, cujo *locus* de propensões chamaremos de mônada quântica, farão parte desse colar de pérolas *específico* por causa de uma lei universal de correlação entre essas encarnações individuais através do espaço e do tempo. Só esses indivíduos vão se beneficiar dessas propensões específicas, em curso e em desenvolvimento. Nesse sentido, todas essas encarnações imanentes – todo o colar de pérolas correlacionado – podem ser chamadas de encarnações dessa mesma mônada quântica. E o ritmo com que a mônada quântica provoca um renascimento específico depende, provavelmente, da quantidade de aprendizado e de maturidade envolvidos. Quanto menos maturidade, mais frequentes os renascimentos.

*capítulo* 13

# o significado e o propósito da vida

Com frequência as pessoas me perguntam qual o significado e o propósito de uma existência humana na Terra. O que estamos fazendo aqui? A visão de mundo quântica nos dá pistas sobre esse propósito?

Em termos bem simples, a resposta para essas perguntas é que estamos aqui para satisfazer nossa alma. Então, cada pessoa deve se questionar: O que me satisfaz de fato? O prazer pode parecer compensador durante certo tempo, mas as energias envolvidas nesse contentamento residem, na verdade, naquilo que chamamos de chakra do plexo solar, e não no chakra coronário, onde experimentamos a verdadeira satisfação – a plenitude. Logo, o sentimento de satisfação da alma nunca vem de atividades direcionadas ao prazer. Só quando temos sentimentos profundamente positivos, associados ao amor ou a qualquer outro arquétipo, é que satisfazemos verdadeiramente as necessidades da alma. A alma, nesse contexto, significa o corpo supramental ou arquetípico – ou, mais precisamente, as representações mentais dos arquétipos que criamos e que algumas tradições chamam de "mente superior".

Quando exploramos o significado e os valores arquetípicos de que Platão falava — amor, beleza, justiça, verdade, bondade, abundância —, sentimo-nos felizes e satisfeitos. Quando incorporamos esses valores e arquétipos, enriquecemos o conteúdo de nossa alma. Essa é a meta da nossa evolução. Podemos buscar tal objetivo em nossa vida aplicando a nossos pensamentos e ações este critério bem simples: O ato que estou prestes a realizar, a experiência que estou prestes a escolher, vai me aproximar da plenitude ou me afastar dela? Quando fazemos esse teste simples, alinhamo-nos com o movimento da consciência. O ativismo quântico é apenas outra etapa desse processo.

## O poder da crise

Parece simplista, mas é verdade. E se é verdade, por que não ficamos mais cientes e atentos a esse modo simples de vida? Será apenas uma questão de publicidade, de deixar a verdade ser conhecida? O mundo não seria melhor se todos seguissem esse caminho simples? Encontre a satisfação e alinhe-se com o movimento da consciência.

Bem, em termos práticos, é nítido que muitas vezes precisamos de alguma crise a fim de despertar para essa verdade. Sem uma crise pessoal ou social, a tendência é não nos incomodarmos com as mudanças. Para alguns de nós, uma crise de autoconfiança ou uma crise pessoal de infelicidade faz a diferença. Certa vez, quando estava numa conferência, passei o dia sendo invejoso. No final da noite, ocorreu-me um pensamento, e esse pensamento mudou a minha vida: Por que eu estava vivendo daquele modo? Por que eu estava deixando a falta de integração e o isolamento dirigirem a minha vida? Por que estava escolhendo um caminho que eu sabia que me deixaria insatisfeito — nesse caso, a ciência a que eu estava me dedicando? Claro, ninguém me *contou* qual era a resposta para essas perguntas; a resposta só veio após muitos anos de exploração. É necessário um pouco de perseverança. Mas quando você passa por uma crise como essa, ela lhe dá a tenacidade de que você precisa.

Para algumas pessoas, não basta uma crise pessoal. Elas precisam passar por uma crise social. Bem, olhe ao seu redor. Estamos numa crise social agora, com mudanças climáticas globais, terrorismo e deterioração da economia. Estamos vivendo o desmoronamento da democracia e do nosso sistema de saúde. Mas depois de nos conscientizarmos dessas crises e das falhas da economia atual, que é materialista, insustentável e movida pelo consumo, o que podemos fazer para mudar isso?

Creio que muitas pessoas – especialmente as ligadas ao mundo dos negócios – vão se tornar ativistas quânticas nas próximas décadas, pois já estão sentindo o aperto. Sabemos que não podemos simplesmente continuar a gerir a economia como temos feito – sem inovação, sem desenvolvimento de novos setores para os quais a economia pode se expandir, sem prestar atenção ao bem social e à sustentabilidade. A indústria da informação ainda caminha bem; as pessoas seguem comprando celulares de última geração. Mas por quanto tempo isso vai continuar? Não existe significado nem satisfação em nosso percurso atual. O consumismo e o materialismo que o movem não são mais forças que satisfazem. Enquanto isso, estamos perdendo empregos para robôs – empregos que, por sua vez, propiciam-nos dinheiro para nos entregarmos ao consumismo.

O que podemos fazer? Como cientista em busca de integração, sugiro ampliar a arena econômica para incluir *commodities* espirituais que podem resgatar o consumismo e criar empregos significativos para substituir aqueles perdidos para as máquinas. No meu livro *Economia da consciência* (2015), sugiro levarmos a produção e a venda de *commodities* sutis e espirituais para a arena econômica. Mas como *commodities* espirituais como felicidade e amor podem ser compradas e vendidas? Como podem ser produzidas *em massa*? Entendo que isso pode acontecer quando mudarmos de atitude. Se você quer se tornar um comerciante de felicidade em vez de um comerciante de violência, pare de vender armas e comece a vender amor. Posso garantir que isso vai resolver a sua crise pessoal, fazendo de você uma pessoa muito satisfeita. É esse o tipo de desafio que atrairá os empresários para uma visão de mundo quântica, tornando-os ativistas quânticos.

## Pôquer do karma

A física quântica apresenta uma solução maravilhosa para o problema do propósito de uma vida específica: a memória não local. No capítulo anterior, determinamos que as encarnações individuais formam um contínuo evolutivo – um cordão manifestado de encarnações de uma confluência contínua de memórias quânticas (karma), que chamamos de mônada quântica. A fonte do nosso colar de pérolas.

Mas como uma pérola individual obtém o benefício de todas as propensões anteriores, de todo o karma passado e acumulado até então? São muitas as propensões, muitas as memórias condicionadas; como podemos focalizar a exploração específica de um arquétipo? Podemos ser atraídos para um número muito grande de projetos e depois tentar usar todos os talentos que foram ativados em nós. Como resultado, nenhuma de nossas explorações será vigorosa e bem-sucedida. A satisfação pode ser fugidia. Os hindus têm uma resposta para isso. Segundo a sua teoria, existe um grande acúmulo de karma num dado momento, mas não experimentamos todo ele ao nascer. Só uma parcela selecionada das propensões acumuladas é levada para um nascimento específico. Além disso, evidentemente, adicionamos mais propensões ao karma cumulativo total. Esse é o chamado karma futuro. Logo, há três tipos de karma: o karma acumulado; o karma destinado indigente, trazido para a vida atual; e o karma futuro, criado nesta vida.

David Clines, terapeuta especializado em regressão a vidas passadas, teve a oportunidade de estudar um número muito grande de pacientes que se submeteram à técnica sob sua orientação. Para muitos deles foi registrada mais de uma encarnação. Clines ficou surpreso ao perceber que as propensões de uma vida e as encarnações subsequentes não demonstram muita continuidade. O padrão encontrado se ajusta a uma hipótese que ele chamou de "pôquer do karma".

No pôquer, cada jogador começa com apenas cinco de 52 cartas. Clines teorizou que as pessoas, de modo similar, não trazem todo o karma acumulado para uma encarnação específica — o baralho todo, por assim dizer —, mas só parte dele. Seus dados empíricos e sua conclusão sustentam o que os hindus teorizaram há milênios: só trazemos uma *parte* do karma acumulado para determinada encarnação.

Mas precisamos levar a próxima parte da teoria hindu a sério. Por que escolhemos um subconjunto do karma em especial? Por que essas cinco cartas específicas? Os hindus dizem que levamos essas cartas específicas para a mesa porque queremos cumprir determinada agenda de aprendizado nesta vida. Toda encarnação tem um propósito, que é a obediência à agenda de aprendizado que a encarnação deveria seguir. Os hindus dão a essa ideia o nome de *dharma*.

Às vezes, claro, as coisas fogem de controle. Devido às circunstâncias da vida, é possível que as propensões necessárias para seguirmos nosso dharma nunca sejam ativadas. Talvez não prestemos atenção em nossos talentos, ou não busquemos os significados e arquétipos corretos desses talentos. Subitamente, estamos em crise. Intuímos que temos de mudar e de repente — por meio de um evento de sincronicidade, de uma experiência de cristalização — descobrimos a nossa agenda de aprendizado, o nosso dharma. Quando seguimos o dharma com convicção, ele nos traz satisfação. Se as propensões nunca são ativadas — ou, se ativadas, não se ajustam àquilo que exploramos —, então permaneceremos insatisfeitos. Muitas pessoas vivem sua vida sem nunca se sentirem satisfeitas.

Como saber que cartas recebemos? Essa é uma pergunta importante. Se tivermos sorte, a experiência de cristalização acontecerá naturalmente. Mas se ela não ocorrer no curso natural da vida, o que podemos fazer? Em meus workshops, conduzo as pessoas por experiências de recordação de memórias para que possam se lembrar de suas propensões de infância e descobrir aquelas que *não* têm sido usadas. Talvez haja um arquétipo que lhes tenha dado satisfação na infância, mas que não está sendo seguido por causa de alguma circunstância de vida. No exercício de respiração holotrópica de Stan Grof, algumas pessoas conseguiram, espontaneamente, uma experiência similar de recordação de memória pela qual se lembraram do objetivo, do propósito que motivou a atual encarnação. Outros podem conseguir se lembrar do objetivo arquetípico explorando sincronicidades e arquétipos junguianos por meio do tarô. Como dizia Joseph Campbell, quando você descobre o que veio fazer aqui, encontra a sua felicidade. E seu conselho era: siga a sua felicidade.

Eu tive uma experiência cristalizadora que deu início à minha jornada de integração naquela conferência que mencionei antes. Como físico nuclear, eu estava usando a física quântica em minha pesquisa, mas nunca me preocupei em compreender o seu significado. Eu abordava a física de maneira muito dividida, como uma profissão que não tinha nada a ver com a minha vida ou com o modo como vivia. E essa separação criou muita infelicidade. Então, fui forçado a defrontar essa infelicidade. Fui convidado para dar uma palestra e aceitei. Contudo, quando os outros palestrantes apresentaram seus trabalhos, percebi que eram melhores do que o meu, e que estavam recebendo mais atenção. Senti-me extremamente invejoso e inseguro. Fiquei mergulhado nessa inveja e nessa negatividade o dia todo, até a noite. Finalmente, à uma da manhã, vi-me com uma azia muito intensa e um pacote de antiácidos vazio.

Sentindo-me desgostoso comigo mesmo, saí do quarto e o ar frio da Baía de Monterey atingiu-me no rosto. Foi então que tive um pensamento: Por que estou vivendo deste modo? E com esse pensamento compreendi que eu precisava integrar minha vida e meu trabalho. Assim a integração se tornou meu tema, o propósito da minha vida. E tem me trazido satisfação.

Se você tentar jogar pôquer sem saber quais são as suas cinco cartas, inevitavelmente irá perder. Quando não descobrimos as cartas que a vida nos deu, passamos por ela de forma turbulenta. Mas quando os eventos acontecem, essas experiências provocam em nós a necessidade de explorar – a necessidade de descobrir as cartas que temos na mão – e, subitamente, sabemos qual é o arquétipo que devíamos seguir.

Para mim, a revelação foi que a integração, a busca pelo arquétipo da plenitude, era o propósito da minha vida. Felizmente, uma das propensões que eu precisava seguir em meu propósito já tinha sido ativada: o cientista. A outra, a filosofia, tive de aprender apressadamente. Para Galois, a experiência cristalizadora foi a descoberta de que a matemática, a busca pelo arquétipo da verdade, era seu propósito. Mas tanto eu quanto Galois somos felizardos. Para muitos, seus caracteres não combinam com as profissões que estão exercendo. Por isso ficam infelizes e continuam a questionar o significado, o propósito de sua vida.

## Profissões arquetípicas

As profissões que escolhemos estão direcionadas à exploração de um arquétipo no sentido platônico. Os cientistas seguem o arquétipo da verdade; os artistas seguem o arquétipo da beleza; quase todos seguem o arquétipo do amor; os líderes religiosos seguem o arquétipo da bondade; pessoas de negócios seguem o arquétipo da abundância; profissionais da área de saúde seguem o arquétipo da plenitude. Com efeito, todos têm um arquétipo para seguir. Se o arquétipo da profissão que você exerce se ajusta ao arquétipo que você pretendia alcançar, então você segue esse arquétipo alegremente. Você é feliz em sua profissão.

No meu caso havia uma incompatibilidade. Eu estava me dedicando à física tradicional quando deveria estar seguindo o arquétipo da plenitude. Hoje, a maioria dos cientistas faz o que faz a fim de viver confortavelmente. Eles buscam o sucesso, talvez até o poder, mas não exploram nenhum arquétipo. Assim, sua vida profissional não é satisfatória e eles não sabem por quê. Quando aprendi a ir mais fundo – quando comecei a explorar *mesmo* a física quântica do ponto de vista da investigação da plenitude e não apenas da verdade, que é o arquétipo habitual do cientista — descobri uma visão integradora do mundo e fiquei feliz.

No mundo dos negócios, hoje, muitos querem apenas ganhar dinheiro. Mas os negócios são efetivamente uma investigação, uma exploração do arquétipo da abundância. Quando você lida com negócios do ponto de vista da abundância, você tem sucesso nessa exploração; você fica feliz. Empresários que não seguem mais o arquétipo da abundância que tinham se disposto a buscar, ou para os quais a abundância não é o arquétipo que deveriam seguir, ficarão infelizes. Houve uma incompatibilidade.

Se você não está feliz no exercício de sua profissão, precisa descobrir o que não está mais sendo satisfatório na maneira como segue o arquétipo dessa profissão. Você está na profissão errada? Nesse caso, mude de profissão. Ou não encontrou o ajuste adequado de suas propensões com sua profissão? Nesse caso, mude a maneira como aborda a sua profissão.

Às vezes, determinada profissão não lhe permite exprimir suas propensões específicas porque ficou muito limitada. Então será quase impossível investigar adequadamente o arquétipo dessa profissão, e o único recurso que lhe resta é se tornar independente, romper com os princípios dominantes da profissão e dedicar sua vida a mudar a natureza da própria profissão. Tornar-se um ativista. Para mim, o materialismo científico se revelou uma camisa de força que eu era obrigado a usar porque minha profissão assim o exigia. Eu tinha de me libertar.

Hoje, de modo geral, percebo que muitos se voltam para o ativismo porque a sociedade tornou quase impossível a exploração dos arquétipos dentro das profissões instituídas com raízes na tradição. Isso se aplica especialmente ao Japão, onde há uma tremenda incompatibilidade entre os valores tradicionais e a cultura materialista que está tomando de assalto o país. Mas também vemos isso nos Estados Unidos. As profissões tornaram-se estreitamente definidas, pois a visão de mundo que as define é guiada pelo materialismo científico. No entanto, os praticantes dessas profissões nasceram em famílias que viviam de acordo com a antiga visão de mundo, segundo a qual mente e matéria são reais. As propensões que eles levaram para essas profissões tinham por meta explorar arquétipos, e não valores materialistas como dinheiro, sexo e poder.

## O arquétipo do amor

O amor é um dos principais arquétipos platônicos. A física quântica vê a exploração do arquétipo do amor como uma expressão da natureza criativa dessa exploração. O amor arquetípico tem dois aspectos tradicionais. Um o vê relacionado ao chakra cardíaco. O outro o vê relacionado ao seu campo morfogenético, a matriz da forma e da função biológicas na glândula timo, cujo papel é distinguir o ego do outro. Podemos usar a linguagem quântica para compreender essa associação. A matriz da forma e da função está correlacionada com a glândula timo porque esta é feita a partir da matriz. Assim, a matriz faz parte do corpo vital, e o órgão faz parte do corpo físico. É esse par vital-físico que precisamos focalizar.

Essa é a linguagem que a nova psicologia quântica usa quando fala dos chakras. Na psicologia quântica, cada chakra é a confluência dos órgãos físicos com suas matrizes vitais. Em cada chakra nós experimentamos um sentimento específico que está conectado ao movimento do campo morfogenético desse chakra — sua matriz vital. Aquilo que sentimos é energia vital — uma energia que se move para dentro e para fora daquela parte do corpo vital. Não é o movimento do órgão físico, mas da energia vital da matriz correlacionada com o órgão. No caso do chakra cardíaco, quando o sistema imunológico (na forma da glândula timo) nega a distinção entre o eu — meu corpo — e o não eu — aquilo que é estranho ao meu corpo —, sua função é suspensa e sinto a possibilidade do amor por outra pessoa. A suspensão do sistema imunológico faz que eu sinta que sou um só com essa outra pessoa, que sou o mesmo ser que essa pessoa. Logo, sinto que ela é minha e eu sou dela. E esse sentimento se expressa com a forte intenção da união corporal. É isso que chamamos de amor romântico.

O amor romântico é uma maneira de iniciar a exploração do amor arquetípico. O amor romântico é um amor com forte orientação física. Mas ainda contém um aspecto quântico, um aspecto de correlação não local — a correlação entre sentimentos vitais e o funcionamento de um órgão físico. O aspecto corporal do amor romântico expressa-se em termos de "moléculas de emoção", como as moléculas do prazer chamadas endorfinas, pois o cérebro entra em cena sempre que a sexualidade está envolvida. Mas essas moléculas só permanecem ativas durante certo tempo. Elas não se mantêm ativas com a mesma intensidade e com o mesmo parceiro para sempre. Um dia elas param devido à habituação. É aí que o amor romântico fica sem combustível.

De todo modo, o amor que mantém a função imunológica suspensa é importante, pois dá a esse sistema uma folga crucial para o seu funcionamento correto. Assim como o neocórtex descansa quando dormimos, o sistema imunológico descansa quando sua função é suspensa por estarmos empenhados em amar alguém.

Mas será que o amor pode continuar, mesmo depois que as moléculas que medeiam seus prazeres físicos se esvaem? Sim, se lidarmos com o amor incondicional de forma criativa. Se você ama alguém ainda que as energias sexuais impulsoras desse relacionamento estejam esmaecidas, esse é o início da busca pelo amor incondicional. Como um efeito colateral positivo da busca, seu sistema imunológico obtém o descanso de que necessita. Essa busca não exige a sexualidade. Quando você explora o amor criativamente, conduzido pelo amor incondicional, você mergulha na natureza quântica e criativa do amor — o amor quântico.

Além disso, a criatividade é apenas um aspecto da natureza do amor quântico. Novas pesquisas dizem que o sistema imunológico tem uma espécie de autonomia análoga à autonomia encontrada em torno do neocórtex. Isso nos leva a perguntar se existe um *self* associado ao chakra cardíaco, como aquele ocasionado por uma hierarquia entrelaçada. Noutras palavras, existe um *self* no corpo? Existe uma identidade de consciência associada com os órgãos do chakra cardíaco? Sabemos que a consciência se identifica com o neocórtex, com o cérebro. Podemos dizer também que a consciência se identifica com os órgãos do chakra cardíaco? No entanto, o sistema imunológico não tem uma hierarquia entrelaçada entre os seus componentes. Nem preciso dizer que, quando analisei esse problema, fiquei muito intrigado.

Então voltei a analisar a questão do ponto de vista da medicina tradicional chinesa. Na medicina chinesa, quando se fala de órgãos que se influenciam mutuamente, não se fala de órgãos físicos, mas dos correlatos vitais dos órgãos físicos que interagem por meio de caminhos chamados meridianos. Existe, por exemplo, um meridiano que vai desde o correlato vital do fígado – um órgão do chakra do plexo solar – até o correlato vital de um órgão do chakra cardíaco. Do ponto de vista quântico, isso significa que existe uma hierarquia entrelaçada entre as matrizes vitais dos órgãos do chakra do plexo solar e as matrizes vitais dos órgãos do chakra do coração – uma hierarquia entrelaçada que envolve o corpo vital e dois chakras diferentes. Essa hierarquia entrelaçada não causa a autorreferência compulsória que surge com o colapso da onda de possibilidade, como no cérebro. Aquela exige uma hierarquia entrelaçada no corpo físico. Mas se pudermos nos identificar, mesmo no nível vital, com uma hierarquia entrelaçada, será que poderemos desenvolver o senso de um *self* – que poderia ser chamado de *self* do coração ou de centro do coração do corpo?

## O amor-próprio e o amor pelo outro

Será o coração desse modelo o mesmo coração sobre o qual falavam as tradições espirituais? Creio que sim. Além disso, talvez seja até possível estabelecer uma hierarquia entrelaçada física associada com a vital. Isso pode ser feito por meio do corpo bioelétrico, que é passível de ser medido pela fotografia Kirlian (que revela uma aura real) – um corpo bioelétrico que possuímos além do corpo bioquímico do qual os órgãos fazem parte. E se esse corpo bioelétrico contribui para uma hierarquia entrelaçada física que complementa a hierarquia entrelaçada do corpo vital – uma hierarquia que podemos cultivar e com a qual podemos nos identificar –, então conseguiremos causar o colapso de sentimentos independentemente do neocórtex, independentemente do pensamento. E se os sentimentos na conexão da hierarquia entrelaçada dos dois chakras – plexo solar e cardíaco – são mesmo autônomos, a exemplo do pensamento no cérebro, o que acontece? Todo o nosso contexto de vida passa por uma mudança radical.

A partir desse novo contexto, podemos obter *insights* adicionais sobre como atingir a maturidade emocional. O chakra do plexo solar é o ponto onde fica o ego do corpo; nossos sentimentos de segurança, de autorrespeito e de amor-próprio ficam ali. O chakra cardíaco é onde sentimos o amor pelo outro. E o corpo bioelétrico associado ao chakra cardíaco, junto com o corpo bioelétrico associado ao chakra do plexo solar, formam uma hierarquia entrelaçada que pode atingir um colapso autorreferente de sentimentos nesse sistema plexo-cardíaco – tanto o amor-próprio quanto o amor pelo outro.

Tudo isso tem de começar no nível dos sentimentos. Quando permito que as energias sentimentais entre esses dois chakras se tornem causalmente circulares – quando a relação de sentimento entre a individualidade do corpo e a comunhão da alma se torna uma hierarquia entrelaçada –, desenvolve-se uma identidade com o *self* da combinação plexo-cardíaco. Vamos dar a isso o nome de coração hierarquicamente entrelaçado.

Os sentimentos no chakra do plexo solar são uma expressão de egoísmo em termos de sexualidade. As pessoas que amo tornam-se objetos sexuais quando me identifico com o ego do corpo. O sexo passa a ser uma conquista. Mas o amor incondicional é o oposto disso. É uma expansão da consciência. Assim, quando percebo que o egoísmo está dando lugar à expansão, tenho uma jornada de descoberta do *self* do coração hierarquicamente entrelaçado. E quando integramos o *self* do coração, que se baseia em sentimento, com o *self* do cérebro, que se baseia em significado ou racionalidade, desenvolvemos aquilo que pode ser chamado de verdadeira inteligência emocional. Aqui, a física quântica nos ajuda a compreender a dinâmica de como o amor romântico pode se tornar o amor incondicional, no qual o egoísmo é transcendido pela descoberta do "outro". Um dia isso pode levar à verdadeira inteligência emocional, integrando o *self* do coração com o *self* do cérebro.

Normalmente, os homens sentem uma conexão mais forte com o chakra do plexo solar; é provável que tenham mais amor-próprio do que amor pelo outro. Por outro lado, as mulheres tendem a se manter mais conectadas com o chakra cardíaco; seu tipo de amor é, provavelmente, pelo outro. Creio que essa diferença na conexão é o que impede a humanidade de experimentar o coração como um *self* separado e de atingir a verdadeira inteligência emocional. Nossa estrutura biológica contribui para esse desequilíbrio, e a cultura reforça isso. Precisamos que homens e mulheres desafiem a biologia, desafiem as forças culturais e atinjam um equilíbrio entre os dois. Os homens precisam desenvolver o amor pelo outro, e as mulheres, o amor-próprio.

Num capítulo anterior, falamos da exploração criativa do amor. Quando os homens são sinceros na exploração criativa do amor, descobrem a "alteridade" em relação à pessoa que estão tentando amar incondicionalmente. Esse é o começo do amor pelo outro, que então precisa ser harmonizado com o amor-próprio. Quando as mulheres aprendem a explorar o amor à maneira quântica, descobrem a alteridade concernente ao outro, o que as leva a se descobrirem como indivíduos dignos de seu próprio amor. Em razão disso, sua identidade com o chakra do plexo solar e o autorrespeito se fortalecem. Quando se consegue isso, estabelecer uma hierarquia entrelaçada torna-se uma simples questão de harmonizar as duas identidades.

*capítulo* 14

# o significado dos sonhos

Nossos sonhos fazem parte de uma vida em andamento, vivida na dimensão do significado. Os sonhos são investigações, explorações do significado. Quando estamos acordados, em estado de vigília, recebemos informações demais do mundo físico, e elas tiram boa parte de nossa atenção sobre o significado. O enredo atual que elaboramos para a nossa vida – pois o mundo físico tem esse hábito newtoniano da fixidez – também tem o efeito de distrair nossa atenção dos significados que estamos explorando e das propensões que estamos desenvolvendo para as nossas explorações. O melodrama que cerca o enredo consome tempo e esforço em demasia.

Os sonhos nos proporcionam uma pista sobre os significados que estamos explorando, sobre as propensões que estamos desenvolvendo. Parte da iluminação resultante de vivermos à maneira quântica – podemos chamá-la de vida quântica – consiste em prestar atenção nos estados oníricos. Quando fazemos isso, tornando-nos sensíveis à transição entre estados de consciência, percebemos cada vez mais que temos o que chamam de *sonhos lúcidos*. Nos sonhos lúcidos, podemos usar o estado onírico para desenvolver soluções para problemas.

Durante seus sonhos, você experimenta diversos personagens – pessoas e coisas. Esses objetos oníricos representam alguma coisa: o significado que você lhes atribui na vigília. Por exemplo, você pode ver sua esposa ou namorada num sonho. Mas não será a sua esposa ou namorada de verdade visitando-o em corpo astral. Será o significado que você atribui à sua esposa ou namorada. Todos esses significados aparecem em sonhos sob o disfarce de personagens oníricos. No sonho, naturalmente, você não os experimenta no nível do significado. Você os experimenta tal como o faz ao estar acordado, em vigília, como se fosse um hábito. Você experimenta um episódio onírico como se ele estivesse sendo encenado na realidade física. Ao despertar, porém, você pode analisar o sonho do ponto de vista do significado. Se não era mesmo a sua namorada, então o que era? Que significado você atribui a essa namorada em especial? Você lhe atribui *este* significado. Ela representa, simboliza, *este* significado para você. Por exemplo, ela pode ser meio rabugenta. Logo, pode representar em seu sonho uma parte rabugenta de você.

Nós destrinchamos os significados de cada personagem de um sonho ao fazer a análise de sonhos. Outro personagem onírico pode representar em você o avarento, aquela parte que se recusa a ser generosa. Outro pode representar a coragem, seus atos de bravura. Quando analisamos o significado dos símbolos dos sonhos dessa maneira, começa a surgir um padrão que pode lhe proporcionar *insights* sobre o estágio em que você está na busca pelo significado em sua vida.

## Lições oníricas

Em 1998, enquanto fazia pesquisas para um trabalho sobre sonhos quânticos graças a uma bolsa da Infinity Foundation e do Instituto de Ciências Noéticas, trabalhei com a psicóloga Laurie Simpkinson. Embora o trabalho que escrevemos juntos tenha permanecido inédito, incluí seus pontos principais em meu livro *Deus não está morto* (2008). A dra. Simpkinson e eu pudemos mostrar, por meio de muitos estudos de caso, que os sonhos são, de fato, relatos correntes de nossa vida de significados. Também chegamos a uma nova classificação de sonhos em cinco níveis: sonhos do corpo físico, do corpo vital, do corpo mental, do supramental e sonhos espirituais. Os sonhos do corpo físico consistem naquilo que chamam de resíduo do dia; são sonhos com pessoas e eventos para os quais não encontramos desfecho durante o dia. Os sonhos do corpo vital são aqueles relacionados a traumas emocionais reprimidos. Sonhos do corpo mental oferecem relatos correntes sobre a nossa vida de significados. Sonhos supramentais envolvem imagens do inconsciente coletivo. Sonhos espirituais aludem à nossa unidade com tudo.

Vou apresentar alguns exemplos de meus próprios sonhos. Quando estava começando a mudança de homem materialista para alguém que integra o material e o espiritual, tive uma série de sonhos ligados à eliminação e limpeza que durou meses — sonhos que envolviam lavatórios, sanitários masculinos e toaletes. O significado transmitido, claro, era de que a limpeza da toxicidade em meu sistema era muito importante para o meu processo naquela época. (Para outras pessoas, sonhos com vasos sanitários podem significar liberação, "deixar correr", em vez de repressão, "contenção".) Meu sistema continha muito lixo materialista, e meus sonhos estavam chamando a minha atenção para a necessidade de limpá-lo — aquilo que os psicólogos junguianos chamam de "limpeza da sombra". No começo, não entendi o que estava acontecendo. Quando esse significado ficou claro, após muita análise de sonhos, dediquei-me à limpeza de meu sistema e os sonhos de purgação pararam.

No último sonho dessa série, apareceram dois personagens: Ronald Reagan, um político bastante conservador, e Jane Fonda, uma atriz bem liberal. O que se destacou no sonho, entretanto, não foram os personagens em si, mas o fato de que, no sonho, eles dançavam em torno de dejetos. Literalmente. O chão em que andavam estava repleto de excrementos. Acordei com a sensação de que os rótulos — liberal e conservador — não tinham significado, e estava pronto para não permitir que a opinião alheia pudesse influir no meu modo de ser. Minha lousa estava em branco, e eu podia continuar a formar a minha própria opinião por meio da verdadeira criatividade — a criatividade fundamental. Depois desse episódio, nunca tive outro sonho com excrementos.

No capítulo anterior, explorei a maneira criativa de integrar as diferenças entre homens e mulheres. Carl Jung falou sobre isso num tom semelhante. No sistema de Jung, potencialidades masculinas como autorrespeito e autoestima aparecem para as mulheres como o arquétipo do *animus*; de modo análogo, potencialidades femininas do amor pelo outro aparecem para os homens como o arquétipo da *anima*. Jung dizia que os homens integram o arquétipo da anima em si mesmos, e que as mulheres cultivam o arquétipo do animus.

Como homem, em certo período da minha vida, estava me sentindo emocionalmente árido, muito intelectual e centrado no cérebro. Então, certa noite, tive um sonho no qual eu procurava água. Procurei, procurei, até encontrar um riacho. Assim que me aproximei, porém, percebi que o riacho tinha secado. Fiquei muito desapontado. Foi aí que ouvi uma voz dizendo: "Olhe para trás". Olhei e fiquei surpreso ao descobrir que estava chovendo. Corri para a chuva, desfrutando a sensação da água em meu corpo. Então, uma jovem se aproximou — uma linda jovem. Caminhamos juntos por algum tempo, aproveitando plenamente a chuva e a companhia um do outro. Quando chegamos a um lugar que parecia ser a casa dela, a jovem se despediu. Vendo o desapontamento em meu rosto, ela acrescentou: "Vou passar algum tempo em Londres. Mas vou voltar".

Quando acordei, reconheci imediatamente a jovem como o arquétipo de minha anima e me senti entusiasmado com a redescoberta da fluidez emocional em minha vida. Naturalmente, ela não voltou de imediato — afinal, havia ido para Londres. Mas voltou para a minha vida pouco depois.

Por fim vou contar um sonho inequivocamente espiritual, ou do "corpo sublime". Nesse sonho, senti-me muito alegre, e depois vi a fonte da minha alegria: um homem luminoso irradiando alegria que nunca me saciava. E foi isso; esse foi o sonho. Quando acordei, consultei meu professor de sonhos. Ele olhou para mim de um jeito estranho e disse: "Amit, você não entendeu? Você estava sonhando com seu próprio *self* iluminado".

## Sonhos lúcidos

Sonhos lúcidos são sonhos nos quais sabemos que estamos sonhando, e por isso conseguimos certo grau de controle sobre ele. Tive meu primeiro sonho lúcido na década de 1960, numa época em que enfrentava dificuldades com certa equação relacionada ao meu trabalho como físico nuclear. Ainda me lembro desse sonho com bastante clareza. O sonho tinha equações matemáticas, e por isso foi um pouco técnico. Eu estava tentando encontrar uma forma de aplicar alguns aspectos da supercondutividade para resolver problemas da estrutura dos núcleos atômicos. Mas você não precisa entender de supercondutividade para compreender o significado desse sonho para mim. No sonho, vi-me pensando em equações, anotando-as no que parecia ser um quadro-negro. Então percebi que estava sonhando; havia algo bem incomum naquele quadro. Tudo que eu pensasse, qualquer mudança mental que fizesse na equação aparecia ao mesmo tempo no quadro. Foi um modo delicioso de trabalhar com equações, pois eu podia vê-las sem ter de fazer anotações. Quando acordei, precisei apenas de alguns minutos para retomar a equação.

Vamos voltar ao sonho no qual ouvi uma voz dizendo: "O *Livro tibetano dos mortos* está correto; cabe a você provar isso!". Não sei se esse foi um sonho lúcido propriamente dito, pois acordei quando o sonho estava se tornando lúcido. O que sei é que provavelmente eu não teria levado o assunto da alma e da reencarnação a sério se não tivesse tido esse sonho. No meu livro *O universo autoconsciente* (1993), mostrei corretamente a relação entre consciência e matéria, mas ainda não entendia a relação entre mente e cérebro. Eu estava apegado à ilusão de que a mente é o cérebro. Mas esse sonho me inspirou a descobrir a verdade: a mente é algo totalmente diferente do cérebro. A mente processa significado enquanto o cérebro faz apenas representações do significado mental.

Quando sonhamos, os estímulos físicos são ruídos no cérebro. Assim como a mente extrai uma figura significativa de uma imagem de Rorschach, o significado de todos os símbolos que você vê num sonho é o significado que você atribui a eles. Logo, de algum modo, todos os personagens de seus sonhos são *você*. Portanto, o ego mental está bem distribuído e tem pouco controle sobre a modelagem do sonho.

Essa perda de controle do ego muda num sonho lúcido, no qual você está ciente de que está sonhando durante o sonho. De certo modo, o ego do sonho é "reforçado" pelo ego lúcido, o que lhe permite guiar o sonho em certas direções intencionais. E você pode usar esse veículo do sonho lúcido para estudar a equipotência de sua vida onírica e de sua vida acordada. Exceto os aborígenes australianos, quem acreditaria hoje que a nossa vida onírica é tão poderosa quanto a nossa vida acordada?

Creio que os sonhos lúcidos têm o poder de liberar a criatividade, e que podem, portanto, ser usados para curas criativas. Muitos dos que têm sonhos lúcidos interessam-se pela cura por meio desse estado onírico, e vários afirmam que observaram resultados positivos com seus esforços. Em meu livro *O médico quântico* (2004), falo sobre como a mente pode causar e curar problemas de saúde, bem como a importância do "corpo sublime" e do "sono criativo" em conexão com a cura mente-corpo. O corpo sublime é a consciência sem divisão – a consciência que é uma só com suas possibilidades, sem separação, sem experiência. Está além do acordar ou do sonhar. No sono profundo, estamos no corpo sublime. Quando despertamos, porém, permanecemos os mesmos. Isso mostra que o condicionamento do ego ainda está controlando as possibilidades que processamos enquanto estamos no estado de não separação com todo o nosso ser. O sono criativo é o sono no qual o ego abre mão do controle, e a consciência quântica – chame-a de Deus, se quiser – pode processar novas possibilidades, possibilidades que formam as experiências criativas. É bem diferente do sonho lúcido, mas talvez possamos chamá-lo de "sono lúcido". Quando temos esse tipo de sono, acordamos muito criativos, com a criatividade borbulhando em nós. Diversas tradições dão a esses estados de sono muitos nomes sofisticados, como veremos no próximo capítulo.

Steven LaBerge fez experimentos envolvendo o estado de sonho lúcido, indicando que nesse estado a mente pode afetar (embora minimamente) o corpo físico adormecido. Também houve indícios de que sonhar lucidamente com determinada tarefa (segundo a atividade monitorada no cérebro) era mais parecido com executar essa tarefa do que com apenas imaginá-la. E isso pode ter consequências importantes para a cura quântica.

A cura quântica consiste em saltos quânticos e na cura da estrutura doente da mente. Esta, por sua vez, cura os bloqueios de energia vital, o que acaba restabelecendo a fisiologia dos órgãos. Ninguém sabe ao certo se a mudança criativa da perspectiva mental se infiltra realmente na fisiologia do corpo durante um sonho lúcido. Em termos teóricos, certamente é possível. Precisamos de mais dados a respeito.

Um sonho que tive se destaca na minha memória. Nesse sonho específico, eu sabia que todos os símbolos no sonho me representavam, pois tinha o privilégio de acessar a experiência interna de meus personagens – não apenas o que "me" diziam como personagem do sonho, mas também o "interior" das imagens com as quais eu me identifiquei explicitamente no sonho. E eu estava ciente de que sonhava, portanto foi um sonho lúcido, com certeza. Foi muito parecido com a realização mística, na percepção-consciente de vigília, de que somos todos um só.

## Vigília lúcida

Num workshop que eu estava apresentando sobre a interpretação de sonhos, uma participante descreveu a experiência do despertar desta maneira: "Todas as manhãs, quando sou despertada subitamente pelo meu despertador, tenho a mesma sensação estranha. Sinto como era estar adormecida, e, nesse momento, acordo".

Felicitei-a e disse que ela tinha aprendido a se manter alerta no momento do despertar, e que estava se aproximando da experiência de "vigília lúcida", em contraste com o sonho lúcido. A vigília lúcida pode acontecer na transição entre o sono e a vigília. Esses momentos de transição são oportunidades muito boas para termos experiências criativas do tipo "ahá". Uma vez que consiga focalizar a sua atenção nesses momentos, você estará pronto para dar saltos quânticos.

Ocasionalmente, na minha vida pessoal, percebo que essas transições são bastante reveladoras. Conseguimos ter muitos *insights* nesses momentos de transição. De certo modo, quando acordamos, voltamos para o nosso corpo. Como isso costuma acontecer de forma abrupta, a maioria das pessoas não desenvolve a capacidade de acordar com o tipo de alerta exibido pela participante de meu workshop. Quando você desenvolve uma sensibilidade similar, sente com bastante clareza a descontinuidade. Se a sua sensibilidade aumentar ainda mais, você pode continuar ligado àquele momento, sabendo que é bom fazer isso. Nessas ocasiões, você pode ter *insights* fantásticos sobre problemas que está tentando resolver – objetivos criativos que você está tentando atingir.

*capítulo* 15

# iluminação

A iluminação é um assunto sobre o qual as pessoas que buscam o crescimento pessoal demonstram muita curiosidade — e também muita confusão. Sempre que faço um workshop para psicólogos e pessoas à procura de crescimento pessoal, abro-o fazendo uma pergunta: "Quantos aqui querem se iluminar?". Invariavelmente, a maioria das pessoas, se não todas, levanta a mão. Quando pergunto por quê, obtenho respostas como "Quero ser feliz o tempo todo" ou "Quero ser uma pessoa que não faz mal aos outros". Todos esperam que um ser iluminado seja um ser totalmente transformado, um ser perfeito.

Na literatura espiritual, vários tipos de experiência podem ser enquadrados, até certo ponto, como experiências de iluminação. Em sânscrito, cada uma tem seu nome. *Samadhi* é a experiência que descreve o *self* como o todo, sem a natureza do *self* individual. No samadhi, o *self* atinge o "estado de nada", de "ausência das coisas". Os japoneses dão a isso o nome de *satori*. *Moksha* refere-se ao estado final da consciência, no qual você tem a opção de se retirar totalmente do ciclo nascimento-morte-renascimento.

## Sem saída

Geralmente os cientistas – materialistas em sua maioria – não acreditam que podemos mudar, que um dia conseguiremos superar os impulsos de nossos circuitos cerebrais emocionais negativos. Eles creem que nunca vamos chegar à perfeição – que nunca conseguiremos "sair do jogo". Os místicos, por outro lado, acreditam na possibilidade de atingir a perfeição ainda neste corpo humano. E se você atinge a perfeição e não tem nada mais a buscar, se você se tornou iluminado, então saiu mesmo do jogo.

Mas como a iluminação participa da visão de mundo quântica para a potencialidade humana? Quando eu era materialista, não acreditava na espiritualidade, e menos ainda na iluminação espiritual, apesar de ter crescido na Índia, onde a cultura e as tradições estão mergulhadas nesse conceito. Depois da minha experiência de cristalização, comecei a escrever um manual de física para principiantes, tentando tornar a matéria interessante para estudantes presos aos cursos elementares de física. Uma música de Judy Collins que fazia sucesso na época tinha a seguinte letra:

> *Você não pode vencer*
> *E nem pode empatar*
> *Você não pode sequer sair do jogo.*

Eu estava escrevendo sobre as três leis da termodinâmica, então usei essas três frases para explicar as leis.

A primeira lei, a lei de conservação da energia, afirma que a energia do mundo físico sempre se mantém a mesma. Não é possível mudar a quantidade total de energia. Não dá para vencer. A segunda lei diz que, em cada transação, a energia se degrada; sua qualidade piora. Por isso, na verdade, você não pode empatar. A terceira lei afirma que é impossível atingir um estado no qual o movimento térmico vai dar lugar à imobilidade absoluta. Não dá para sair do jogo.

Como materialista, eu acreditava que essas leis funcionavam efetivamente no universo. Mas quando descobri que é a consciência, e não a matéria, a base da existência, minha opinião sobre essas coisas mudou radicalmente. Por que eu deveria ficar preso às leis da termodinâmica? Elas se aplicam a objetos puramente materiais, objetos inanimados, e não a seres vivos.

Na década de 1970, antes de descobrir a visão de mundo quântica, estudei muito a filosofia zen. Na tradição zen, dez imagens – chamadas dez cenas do boi e do pastor – descrevem os estágios que conduzem à iluminação. Na primeira, você procura um boi perdido nas montanhas. Então você o encontra, leva-o de volta para casa e desce a montanha. Na oitava imagem, há o nada, significando o estado de iluminação. Atingimos um estado iluminado sabendo que a realidade é o nada e que o *self* é, na verdade, o não *self*. Mas há ainda outras duas imagens. Depois da iluminação, o mestre desce até a aldeia e brinca com as crianças. Isso parece explicar o que acontece com o nosso ser quando manifestamos ou incorporamos a sabedoria atingida na oitava imagem.

Achei maravilhoso o fato de as imagens não pararem na sabedoria do nada, pois qual o valor de uma experiência, qualquer experiência, se nosso comportamento não muda? Cheguei a conhecer alguns "seres iluminados", e eles me levaram a acreditar que a iluminação é supervalorizada quando a experiência da iluminação em si torna-se a meta final. Naturalmente, entendo que a experiência da iluminação é muito positiva, mas a maioria dos seres iluminados que conheço parece não ter voltado de seu estado elevado como seres que eu chamaria de "transformados". Minha confusão aumentou substancialmente quando eu mesmo passei por algo que, pensei, poderia ser chamado de experiência de iluminação, pois eu sabia que não tinha sido transformado pela mera vivência daquela experiência.

Em muitas tradições espirituais, porém – especialmente no ramo do zen chamado Rinzai zen, que segue o mestre zen Rinzai –, a ideia de iluminação envolve uma experiência repentina, semelhante a um salto quântico, chamada *satori*. A parte confusa, porém, é que existe a expectativa de que, de algum modo, após tal experiência, a pessoa também se torne um ser humano ideal, um ser transformado que consiga amar a todos e não fazer mal algum.

Essa expectativa não costuma casar muito bem com aquilo que vemos. Podemos seguir algumas pessoas hoje, pessoas que afirmam ter atingido a autorrealização por meio do satori ou do samadhi. Podemos segui-las com precisão usando o GPS; é impossível se esconder atualmente. Mas se fizermos isso, tenho certeza de que iremos nos desapontar. A experiência da iluminação em si não parece produzir a transformação na perfeição. Pessoas supostamente iluminadas até já foram flagradas em escândalos envolvendo dinheiro, poder e sexo. Isso afetou definitivamente a crença das pessoas nessas antigas tradições espirituais.

Então, será que a experiência repentina de que falam as tradições é verdadeiramente a iluminação? Se for, para que ela serve, se depois de atingida a expectativa de perfeição não é cumprida? O que deveríamos esperar de professores que alegam ser iluminados?

## O *self* quântico

Na teoria quântica da criatividade, temos de passar pelo processo criativo para investigar qualquer arquétipo. O arquétipo do *self* não é exceção a isso. Já falamos do processo criativo, mas agora vamos nos concentrar no estágio da criatividade chamado salto quântico criativo. É uma mudança descontínua em nossa compreensão acerca dos arquétipos. No caso da iluminação, trata-se do arquétipo do *self*. Num salto quântico criativo, descobrimos alguma coisa que nunca tínhamos encontrado ou na qual nunca tínhamos pensado. Por exemplo, na experiência do satori, é a descoberta de que a experiência é totalmente desprovida de concepções antigas do *self*. É a descoberta do vazio, pois todos os conceitos anteriores do *self* simplesmente se esvaem. Logo, ela representa de fato uma descontinuidade no pensamento, na conceitualização. Antes você tinha muitos conceitos para o *self*; agora não tem nada. Se a natureza do *self* é esse nada, não existe objeto para descrevê-lo.

Contudo, agora existe esse *self* "vazio" que você constatou e compreendeu. A teoria quântica da criatividade diz que, na criatividade, há um estágio ulterior que você precisa atravessar depois da descoberta desse verdadeiro *self*, o "verdadeiro *self* do vazio". Você entrou no processo criativo com aquilo que chamamos ego. Com efeito, falamos do enredo e da persona do ego; falamos do caráter do ego. Porém, após esse salto quântico, descobrimos que isso não existe. O *self* é desprovido de todos esses conceitos. E a teoria quântica da criatividade diz que você tem de manifestar esse não *self* em seu ser. Você precisa manifestar esse vazio do *self* em sua vida. É por isso que as imagens zen mostram estágios além do satori — os estágios de manifestação desse *self* não *self*.

Na visão de mundo quântica, há um nome para esse *self* não *self*. Chamamo-lo *self quântico*. Lembre-se: na dinâmica quântica, não existe fixidez. Por isso, você pode pensar no *self* quântico como uma autoexperiência dinâmica. Mas esse *self* não tem lugar para ficar, pois não há fixidez. Você não pode descrever o que ele é, pois não pode ficar nele por tempo suficiente. Podemos tratá-lo por adjetivos como não local, incondicionado, criativo, hierarquicamente entrelaçado ou o que for — mas é o melhor que podemos fazer.

Identificarmo-nos com esse *self* quântico é uma proposição muito diferente de nos identificarmos com o ego. Uma vez que só é possível nos identificarmos com certeza com alguma coisa fixa, como podemos nos identificar com algo que muda e que só aparece em experiências momentâneas? Podemos dizer que o *self* precisa se tornar como um fluido, mudando de forma conforme o recipiente. Ou podemos dizer que ele é como uma estatueta de sal derretendo na totalidade do oceano. Mas são metáforas, não descrições. O que precisa acontecer de fato para ancorarmos nosso ser no *self* quântico?

Na tradição hindu, a experiência da iluminação é chamada de *samadhi*. Parece ser a mais elevada experiência possível, porque você vivencia a natureza do próprio *self*. Mas então os hindus fazem uma pergunta: O que há para além da experiência? No sono, por exemplo, não temos experiência alguma. Mas o sono não é particularmente transformador. Depois de dormir, despertamos. Não mudamos. E é fácil compreender por que as coisas são assim. No sono normal, continuamos a processar, embora inconscientemente, as mesmas emoções reprimidas e pensamentos suprimidos que nos incomodam durante a vida acordada. É por isso que a maioria de nossos sonhos é tida como "resíduo do dia". Assim, quando a identidade do ego se dissolve na manifestação, o apego à dinâmica supressão-repressão também começa a se desfazer.

Mas o que significa amadurecer e ir além da experiência de autorrealização, além do samadhi? O que significa manifestar o "não *self*"? A qualidade daquilo a que chamamos sono fica diferente, bem como a qualidade dos sonhos. Nesse novo tipo de sono – o sono criativo –, quando somos um com a totalidade, não estamos mais processando *apenas* a dinâmica supressão-repressão. Em seu lugar, processamos novas e maravilhosas *possibilidades* de consciência, pelo menos durante uma parte do tempo. E quando despertamos desse tipo de sono "super" ou sono "criativo", acordamos para uma felicidade intensa, não para a dinâmica supressão-repressão – aquilo a que chamamos "humor" –, que quase sempre nos envolve quando acordamos de um sono comum. Quando despertamos de estados inconscientes quânticos como esse, certamente nossa alegria é refletida em nosso comportamento na comunidade em que vivemos. Mais e mais, vamos deixar para trás o mau humor e uma percepção de peculiaridade e vamos viver com o fluxo da vida, tornando-nos parte desse fluxo. A literatura hindu enfatiza o desenvolvimento dessa capacidade de ter sonos criativos, aos quais dão um nome especial: *nirvikalpa samadhi*, ou samadhi sem separação.

A literatura experimental faz referência a dois tipos de nirvikalpa samadhi, assim como há dois estágios zen após a iluminação. No primeiro tipo ainda existe a tendência à identificação com o supramental, com os valores arquetípicos. Noutras palavras, ainda há qualificações aplicadas à identidade do *self*. Esse é o nono estágio do zen. No décimo e último estágio – o segundo tipo de nirvikalpa samadhi –, todas as possibilidades são permitidas. *Não existe* distinção como "esta é uma possibilidade celestial e esta é uma possibilidade terrena". Não há preferência. Nas imagens zen, essa pessoa agora é parte fluente da comunidade. Não há distinção nem peculiaridade. Noutras palavras, a tradição zen focaliza o comportamento; a tradição hindu focaliza o estado de consciência – o estado criativo semelhante ao sono no qual os seres iluminados passam parte de seu tempo dormindo. As duas tradições oferecem descrições divergentes e complementares.

## Sofrimento e comprometimento

Por que essas expectativas nem sempre se realizam? Algumas pessoas se dispõem a investigar a autorrealização sem uma preparação adequada. No budismo, a preparação básica se expressa na primeira lei de Buda: A vida é sofrimento. Você só estará pronto para investigar a natureza do vazio do *self* quando perceber, inequivocamente, que a vida é sofrimento. Você precisa experimentar a vida literalmente como um sofrimento. Isso significa que até a exploração criativa será um sofrimento para você.

E como a experiência criativa pode ser um sofrimento? Quando ela se torna enfadonha. Quando você já a realizou tantas vezes que não tem mais estímulo para pesquisar a natureza dos arquétipos de forma criativa, exceto o próprio arquétipo do *self*, a natureza de quem busca. Quando só resta uma questão: Quem sou eu, o buscador? Só então você estará pronto e comprometido.

> Enquanto caminhavam de manhã, um porco e uma galinha passaram por um restaurante que servia café da manhã. O cartaz do lado de fora anunciava ovos e salsichas. A galinha quis entrar para

comer, mas o porco se recusou. A galinha insistiu. O porco suspirou e disse: "Para você, é apenas uma contribuição; para mim, é comprometimento total".

É claro que o porco não estava pronto para isso! E você pode ver facilmente pelo meu comportamento, especialmente se me observar com atenção, que eu também não estou pronto para um comprometimento total. Não estou pronto para abrir mão da realização e da busca. Está claro que o *self* é o arquétipo que ainda preciso investigar seriamente.

No budismo, diz-se que você não deve investigar a natureza do *self* a menos que tenha atingido o estado de absoluto tédio com a vida. Hoje, naturalmente, racionalizamos a questão. Como a vida pode ser um completo sofrimento? Se as moléculas de endorfina circulam pelo cérebro, como podemos negar o prazer e nos comprometermos com o sofrimento? Estamos viciados na sensação de prazer. Embora não estejamos preparados, creio que estamos prontos para investigar a natureza do *self*. Mas se começarmos sem uma preparação adequada, as sementes da investigação definharão. Mesmo que você busque o satori, descobrirá que ainda tem coisas para realizar quando tenta viver a vida no vazio do *self*.

No meu caso, a vontade era ser professor; gosto de ser o centro das atenções. Quero desfrutar a minha iluminação. Mas como posso fazer isso se não deixo as pessoas saberem que estou iluminado? Tudo isso acaba estabelecendo uma dinâmica na qual o ego ergue novamente a cabeça. E sempre que o ego está presente há o risco do fracasso, porque você não vai satisfazer a expectativa das pessoas, que querem um ser humano perfeito e sem ego. Mais uma vez, racionalizamos e dizemos: "Tá, as pessoas iluminadas ainda se mantêm levemente não iluminadas. Tudo bem". Não, não é assim. É que as pessoas não compreenderam o que é a verdadeira iluminação. Elas não chegaram ao estado representado na décima imagem zen. O pensamento quântico remove toda essa ambiguidade e torna as coisas claras para nós.

Quando as pessoas me perguntam se podemos manter o estado de iluminação ao longo do tempo, digo-lhes que essa não é uma pergunta válida. Não se trata de manter o estado do vazio, pois não podemos. Se vivermos no estado iluminado de consciência, mesmo que durante algum tempo, teremos de usar o banheiro, e para isso vamos precisar da experiência do ego. Do mesmo modo, quando comemos em público, devemos lembrar como usar os talheres. Se você deseja viver na sociedade e ser um professor, tenha em mente que até os mestres iluminados precisam comer apropriadamente, segundo as expectativas da cultura.

Portanto, a vida exige certa dose de conteúdo do ego. O que precisamos é de estratégias para administrar esse conteúdo. A estratégia hindu consiste em passar um tempo cada vez maior no inconsciente — não adormecido no sentido habitual, mas num estado especial de consciência que chamo de sono criativo. Mestres iluminados da Índia passam muito tempo nesse estado especial de consciência, o nirvikalpa samadhi. A estratégia zen consiste em viver sem obstruções, tornando-se um dentre muitos, sem chamar a atenção e sem criar obstáculos com interações desnecessárias. Desse modo, você evita expectativas porque não é interessante; você não merece atenção. A física quântica não pode nos ajudar muito nesse caso, além de sugerir que, se você *precisa* manter o condicionamento do ego em sua vida, faça-o o mínimo possível. E, naturalmente, use apenas as funções do ego sem tentar se identificar com ele.

Temos de aprender a viver de maneira a não necessitar das competências exigidas pelos outros, só os que vêm de forma natural e apropriada, se é que vêm. Se eu sou seu convidado e estou jantando em sua casa, você tem uma expectativa daquilo que eu devo ou não devo fazer. Entretanto, se sou apenas um dentre muitos convidados, ninguém em especial, os demais não ficarão me observando ou reparando na minha maneira de comer. Posso comer do jeito que me parecer natural naquele momento. Simplesmente sigo o fluxo e deixo o espírito me levar. Desse modo, estarei agindo sem invocar qualquer condicionamento do ego. Torno-me como uma criança que não tem ego, que não sabe como se comportar. A tentativa de me adaptar é que traz de volta o ego.

Às vezes, as pessoas me perguntam quando irei buscar a autorrealização, a verdadeira iluminação. Bem, ainda não fiquei entediado com a exploração dos arquétipos, com os livros que escrevo ou com as aulas que dou. Mas o arquétipo do *self* está sempre por perto, atraindo-me na forma de um sonho recorrente. Nesse sonho, estou inicialmente em meu antigo departamento de Física e me aventuro a explorar outras repartições da universidade – a de Artes, de Humanidades, de Psicologia, de Religião. Quando quero voltar ao departamento de Física, não consigo encontrar o caminho. Geralmente, o caminho termina em alguma espécie de descontinuidade – como uma ponte inacabada, por exemplo. Quando interpreto esse sonho, vejo o departamento de Física como o meu "lar" – minha autoidentidade espiritual, verdadeira, quântica. Para encontrá-lo, preciso explorar o arquétipo do *self*; preciso dar um salto descontínuo. A ponte inacabada é um convite para dar esse salto.

Neste capítulo investigamos como podemos provocar mudanças pessoais. No próximo, vamos falar sobre como causar mudanças complementares na sociedade. Os budistas reconhecem a importância de ganhar a vida corretamente. O materialismo científico, por outro lado, restringiu tanto as profissões que hoje é muito difícil subsistir sem nos distrairmos e encontrando satisfação em nossa atividade. Precisamos mudar os sistemas sociais se quisermos ter qualquer esperança de encontrar um sustento correto para uma pessoa que deseja transformações.

*capítulo* 16

# profissões espirituais; sociedade espiritual

Para expandir a nossa discussão e incluir uma perspectiva social, vamos usar o exemplo de um empresário que também é ativista quântico e quer fazer negócios segundo princípios quânticos. Isso é possível?

Um empresário é alguém que escolheu explorar o arquétipo da abundância. Em nossa cultura atual, porém, é muito comum as pessoas de negócios adotarem uma visão muito limitada da jornada arquetípica: querem ser materialmente ricas. A riqueza no nível material é uma representação válida do arquétipo da abundância, mas não é a única representação, e certamente não é inclusiva. Em culturas anteriores, as pessoas tinham em mente que um arquétipo é eterno, e que por isso sua representação também deveria ser o mais permanente possível. Nessas culturas, portanto, a riqueza material tinha sempre um quê de permanência. Bens imóveis eram vistos como riqueza. Diamantes e ouro representavam riqueza. Na verdade, quanto mais permanente uma coisa se mostrava, mais valiosa ela era.

Em nossa cultura materialista, depois de extinguirmos o padrão ouro e substituí-lo por papel-moeda sem lastro, até a noção de riqueza como algo semipermanente desapareceu. Não por coincidência, poucos anos após abandonarmos o padrão--ouro nós criamos fundos de investimentos, derivativos e todo tipo de medidas de valor que são efêmeras e que podem despencar da noite para o dia. Derivativos, na verdade, são abstrações da ideia de dinheiro que se tornaram símbolos de riqueza, de abundância. Assim, hoje, quando as pessoas exploram o arquétipo da abundância, vê-se que a exploração se transformou num processo de simulação de um arquétipo por meio de um símbolo apenas pela força bruta do consenso e da troca de informações. Se eu afirmo que tenho informações e o mercado concorda que elas são valiosas, então eu tenho riqueza. Algumas pessoas ficaram muito ricas assim, no papel. Atualmente, os mercadores de informações de negócios são os economistas.

> Três profissionais, um cirurgião, um físico e um economista, estão discutindo sobre a mais antiga profissão do mundo: a profissão de Deus. O cirurgião diz: "Deus deve ser um cirurgião muito habilidoso para ter criado Eva a partir da costela de Adão".
> O físico ri e comenta: "Ora, todos sabem que Deus é um teórico do caos, que produziu a ordem a partir de todo aquele caos inicial".
> O economista sorri e diz maliciosamente: "Certo. Mas quem criou o caos?".

## Negócios quânticos

Quando os ativistas quânticos se dedicam aos negócios, valorizam o significado mais profundo de um arquétipo como a abundância. Eles reconhecem que, quando um arquétipo é investigado e explorado, ainda que de modo geral, a exploração conduz automaticamente a outros arquétipos relevantes, como o amor ou a bondade, que devem ser adotados e cultivados. Eles desenvolvem não apenas o respeito pela ecologia, mas também pela ecologia profunda – a ecologia da psique. A consciência psicológica se desenvolve paralelamente à consciência ecológica. Com renovado interesse por essa ecologia "profunda" e pela investigação psicológica, a criatividade retorna e leva naturalmente ao respeito pelo significado. Os empresários quânticos aceitam valores supramentais junto com o retorno da criatividade como força plenamente abrangente, e não apenas como processamento de informação. E incluem esses valores em tecnologias mais e mais avançadas, materiais e não materiais.

Mas os ativistas quânticos nem sempre são bem recebidos no mundo dos negócios. Talvez as pessoas que os cercam não consigam viver em harmonia com eles. Por outro lado, as pessoas que os cercam podem ser influenciadas por seu modo de pensar. Hoje, para ter sucesso no mundo dos negócios, os ativistas quânticos precisam ter ideias inovadoras e que sempre visem algo muito importante: o lucro. Atualmente, há imensas possibilidades para quem inicia novas formas de negócios e desenvolve tecnologias não materiais, que serão cada vez mais associadas à visão de mundo quântica.

Embora a ideia ainda seja muito nova, a sociedade está se abrindo para a possibilidade de tecnologias não materiais – como na área da saúde, por exemplo. Hoje, a medicina alopática domina nosso sistema de saúde. Graças a dados empíricos que estão se acumulando, porém, a medicina alternativa fez algumas incursões nessa área, criando, por sua vez, o interesse comercial. E a medicina alternativa, boa parte da qual usa forças não materiais como energia vital, está claramente alinhada com a visão de mundo quântica.

## Medicina quântica

Com a ajuda da visão de mundo quântica, agora temos a medicina integrativa, que incorpora tanto a medicina alternativa como a alopática. Isso abriu muitas possibilidades para profissionais da área da saúde e para pessoas de negócios colaborarem numa área chamada de gerenciamento integrativo de saúde. Atualmente, a maioria dos profissionais da saúde, tanto convencionais quanto alternativos, é formada por praticantes empíricos bastante limitados em conhecimento teórico.

Naturalmente, a medicina alopática não tem teoria e mal sustenta uma filosofia da doença, exceto a cansada e velha teoria dos germes. O fato de um remédio específico ou de um procedimento cirúrgico em particular se mostrar efetivo é considerado totalmente empírico. Estudos clínicos decidem a eficácia de qualquer tratamento.

Por outro lado, a medicina alternativa baseia-se em teorias antigas. Contudo, o materialismo científico reduziu nossa fé nessas teorias, mesmo entre os próprios praticantes. Mais de 75% dos recursos da medicina estão sendo gastos no cuidado de idosos com doenças crônicas como câncer e problemas cardíacos. Mas sabemos que, exceto por situações de emergência que exigem cirurgia, as doenças crônicas são tratadas com mais sucesso pela medicina alternativa. O tratamento alopático não só é oneroso como fundamentalmente ineficiente; ajuda a aliviar sintomas no curto prazo, mas produz efeitos colaterais no longo prazo que causam mais deterioração à saúde. Quando a doença não mata o paciente, os efeitos colaterais da medicina alopática costumam tornar a vida tão miserável que nem merece ser vivida. Nessa situação, a gestão de saúde quântica de forma integrativa não só pode aliar teoria e experimentos, mas pode abrir a possibilidade de adotar a medicina preventiva.

Um dia, a medicina preventiva irá ampliar o escopo das práticas da energia vital, abrindo áreas adicionais de atividade como ecologia sensível à energia vital, manutenção eficaz da saúde positiva e criação e manutenção da saúde mental positiva. A sobrecarga de informação que está solapando a condição humana é uma forma de poluição. Embora necessitemos de um mínimo de informação para explorar o significado, o bombardeio constante de informações pode provocar problemas como o TDAH – transtorno do déficit de atenção com hiperatividade, que já afeta muitos membros da geração do milênio. Novas áreas de atividade de negócios e novas posturas diante da saúde irão revolucionar todo o cenário econômico, melhorando substancialmente nossa qualidade de vida se permitirmos que de fato se estabeleçam novos domínios de exploração tecnológica, como energia vital, significado mental e valores espirituais.

## Bancos quânticos

Novos modelos financeiros têm surgido em alguns lugares. O Grammin Bank de Bangladesh, por exemplo, fundiu um modelo tradicional com um novo modelo e criou uma prática comercial sólida, melhorando a vida de muitas pessoas: o microinvestimento. Mas, embora esse modelo tenha funcionado em pequena escala, vem enfrentando dificuldades para se estabelecer em escala maior em países como a Índia. A ideia original foi pensada para uma economia de pequena escala, como a de uma aldeia, dando poder para as mulheres. Foi muito eficiente nesses casos, pois, de fato, as aldeãs nessas culturas têm uma estrutura de valores adequada para o sucesso nos negócios. Tudo de que precisavam era um pouco de poder.

Quando outras pessoas acharam que poderiam fazer essa estrutura específica funcionar numa escala muito maior, gerando lucro para elas mesmas, a ideia fracassou. Quando empreendedores de maior porte entraram em cena, esperando servir como intermediários sem compreender a estrutura de valores sobre a qual a ideia fora elaborada, o modelo tornou-se fadado ao fracasso, tanto na esfera do negócio como na humanitária. Esses intermediários não tinham a mesma estrutura de valores das pessoas a quem os investimentos dos bancos estavam dirigidos — as mulheres das aldeias. Para fazer esse modelo funcionar numa escala maior, temos de mudar a própria economia. Temos de mudar a estrutura de valores da própria sociedade. Podemos fazer isso introduzindo valores como amor e felicidade na forma de *commodities* econômicas e estabelecendo o arquétipo da abundância como elemento permanente de nossas atividades de negócios.

## Capital humano

Permita-me contar uma história. Minha esposa e eu estávamos caminhando perto do rio numa cidadezinha da Índia chamada Rishikesh. De repente, uma porta se abriu e um homem saiu por ela. "O Baba Sorridente está fazendo um discurso", disse. "Gostariam de entrar para ouvi-lo?" A palavra indiana "baba" quer dizer pai, e geralmente os mestres espirituais são chamados por esse título. Baba estava ensinando o *Bhagavad Gita*, um tratado hindu muito famoso, na língua híndi, que não domino muito bem. Por isso, minha mente vagueou. Comecei a ficar entediado e a olhar ao meu redor. Foi quando percebi uma coisa estranha. Todos os que estavam na plateia estampavam um pequeno sorriso no rosto. E percebi que eu também estava sorrindo. Então compreendi por que ele era chamado de Baba Sorridente. Na sua presença, a felicidade aflorava e fazia que todos sorrissem. Se pudéssemos cultivar pessoas dotadas desse tipo de presença, poderíamos vender felicidade e lucrar com isso!

Hoje, os locais de trabalho são centros de insatisfação e descontentamento. Mas, e se mudássemos isso? Programas de embelezamento constroem espaços bonitos para que as pessoas desfrutem de ambientes estéticos. E se introduzíssemos pessoas essencialmente alegres em nossos locais de trabalho para gerar felicidade onde se realizam negócios? Poderíamos também gerar receita, pois não há dúvida de que as empresas aumentariam seus lucros graças a um aumento na produtividade. É sabido que maior satisfação ou felicidade leva a um aumento na produtividade.

Como deveríamos chamar esses Babas Sorridentes, essas pessoas contentes que distribuem felicidade tal como a flor distribui fragrância? Capital humano, claro! Tendo em vista o fato de as máquinas estarem assumindo muitos empregos rotineiros, não está na hora de pensarmos em educar as pessoas para que se tornem capital humano? Naturalmente, estamos no estágio inicial desse tipo de desenvolvimento. Meu livro

*Economia da consciência* (2015) propõe justamente algo parecido, e estou começando a entrar em contato com empresas para tratar dessas ideias.

## Marketing vital

Malgrado seus defeitos, o materialismo científico produziu algumas ideias muito poderosas na economia dos negócios. Uma delas é o emprego do marketing para criar e moldar o interesse por determinado produto de consumo. Se o produto for realmente desnecessário, o marketing torna-se um processo desonesto. Mas se determinado produto traz satisfação, as técnicas de marketing podem ajudar a levar uma necessidade específica até a consciência das pessoas.

Hoje as pessoas sentem muita necessidade de vitalidade, mas não estão familiarizadas com a avaliação dos sentimentos – dos sentimentos no corpo. Por isso, geralmente não entendem que podemos aprender a experimentar sentimentos no corpo. Graças a exercícios simples, podemos até aprender a ampliar esses sentimentos. Ao mesmo tempo, as pessoas não percebem que já temos tecnologia para restaurar a energia vital em algumas das coisas que consumimos – produtos que perderam essa energia por causa da maneira como foram manufaturados.

Veja o caso do perfume, por exemplo. Ao longo de eras, as pessoas têm usado produtos naturais como rosas para extrair fragrâncias. Os recém-casados descobriram que rosas jogadas sobre a cama aumentavam seus sentimentos amorosos e românticos. Esse efeito resultava menos do aroma material do que da essência vital das rosas. Quando a química moderna entrou em cena, porém, os químicos começaram a extrair a essência material, as moléculas, e a produzir perfumes que mantinham a fragrância da flor, mas perdiam sua essência. Graças ao marketing, esses perfumes são vendidos hoje a preços bem elevados. Mas as mulheres acabaram descobrindo que o uso desses produtos não ajuda muito na hora do romance. Elas ficam cheirosas, mas é só.

Hoje, porém, dispomos de tecnologia para devolver a energia vital das rosas aos perfumes. Imagine o potencial de venda de um perfume que realmente produz resultados, que realmente aumenta o interesse romântico. E não são apenas as mulheres que vão gostar dele; os homens também vão querer usá-lo. Entretanto, para tornar efetivo esse produto e também a sua estratégia de marketing, temos de treinar as pessoas para que sintam a energia em seu corpo. Isso vai exigir um esforço em duas frentes. A primeira oferecerá uma educação geral para que as pessoas se conscientizem de seus sentimentos como energia vital no corpo. A segunda vai levar ao mercado produtos que contenham energia vital e instiguem os consumidores a adquiri-los.

A ciência materialista depende de tecnologias como computadores e celulares. Em contraste, a ciência quântica está introduzindo novas tecnologias muito poderosas e gratificantes. A princípio, as tecnologias materiais podem fazer você se sentir ótimo. Com o tempo, porém, a experiência se torna cansativa e acaba ficando entediante; no final, essas tecnologias só lhe proporcionarão um leve sofrimento. E você continuará buscando produtos materiais "novos e aprimorados" para manter ativas as suas papilas do prazer. As tecnologias da consciência fazem justamente o contrário. No começo, parecem-se com remédios e são difíceis de engolir. Mas com o tempo você passa a buscar as experiências que elas proporcionam. Você encontra cada vez mais satisfação. E você não se cansa delas.

Naturalmente, para vender produtos como esse *em massa*, vamos precisar de uma terceira coisa: quantificação. Vamos precisar de algo para mensurar e quantificar a energia vital e seus efeitos. Atualmente, estamos desenvolvendo técnicas para isso, e a tecnologia da energia vital tem se mostrado uma aplicação bem produtiva da visão de mundo quântica.

Como disse Abraham Maslow já na década de 1960, quando nossas necessidades de sobrevivência são satisfeitas, passamos para necessidades mais elevadas. Numa sociedade próspera, especialmente quando mudar a visão de mundo e o processamento de informações ceder lugar novamente aos sentimentos e significados, haverá mercado para esse perfume vitalizado de rosas. As mulheres vão fazer fila para comprá-lo, assim como hoje fazem fila para adquirir um celular de última geração. Portanto, essa é uma situação em que os ativistas quânticos vão trabalhar muito bem com as pessoas de negócios. Na verdade, estou procurando empreendedores que queiram começar a produzir esses perfumes revitalizados.

## A economia quântica

Como o dinheiro deve ser visto na visão de mundo quântica? Quando caçávamos animais para a nossa alimentação, não precisávamos de dinheiro. Quando nos tornamos uma sociedade agrícola, começamos a fazer permutas ou escambos. Então desenvolvemos as moedas e formamos economias baseadas em dinheiro porque elas funcionavam melhor no comércio de longa distância. Mas esse tipo de economia não está indo muito bem hoje, não é?

Na verdade, a atual economia mundial está indo muito mal. Nosso modelo econômico depende fundamentalmente de uma expansão permanente. Mas como é possível expandir de modo indefinido no ecossistema finito do mundo material? Mais cedo ou mais tarde, a urgência da sustentabilidade vai nos derrotar. Se não nos prepararmos para enfrentar essa possibilidade, estaremos condenados. A escassez de recursos vai nos pegar desprevenidos.

Felizmente, podemos contar com a ajuda da visão de mundo quântica aplicada à economia. Num mundo quântico, todas as experiências têm a mesma relevância — todas as experiências são importantes e merecem ser vividas. Tudo é necessário. Todas as experiências satisfazem uma necessidade humana, uma profunda necessidade humana. Fundamentalmente, a economia é o ajuste entre essas necessidades e os talentos que algumas pessoas têm para fazer produtos que satisfazem essas necessidades com os recursos disponíveis. A grande ideia de Adam Smith — a de que pessoas talentosas produzem e pessoas necessitadas consomem, ambas visando ao interesse pessoal — sugere que, quando deixamos as mãos invisíveis do mercado operarem livremente, sem embaraços, as necessidades e os recursos, a produção e o consumo encontram um equilíbrio. Demanda e oferta se ajustam. E os recursos serão alocados apropriadamente.

Essa ideia funcionou durante muito tempo. Sua verdade fundamental baseia-se na ideia de que as pessoas precisam ser livres para perseguir seu próprio egoísmo — suas necessidades egoístas e seus talentos egoístas. Mas não podemos nos esquecer de que os seres humanos também são seres sociais, o que leva a ideia de necessidades coletivas e o conceito de bem social para a equação. A esperança de Adam Smith era de que se fosse permitido ao capitalismo se desenvolver livremente, isso iria resultar não só no bem individual, mas no bem social. De modo geral, porém, descobrimos que só a parte individual dessa equação é verdadeira.

A ideia de que o capitalismo produzirá o bem social além do bem individual não se mostrou válida na maioria das economias capitalistas. A economia de John Maynard Keynes introduziu a ideia *ad hoc* de que o governo precisa impor o bem social mediante intervenção oficial nos períodos de recessão. Todas as economias avançadas de hoje — Japão, Estados Unidos e Europa — introduziram esse tipo de rede de segurança social. Mesmo assim o capitalismo não está funcionando. A rede de segurança fracassa porque seu custo parece fugir ao controle, tornando sua sustentação difícil para qualquer governo. Acrescente a isso o perpétuo ciclo de expansão e retração nos negócios, uma característica fundamental do capitalismo, e fica fácil entender por que a economia capitalista praticada hoje não funciona.

Então, por que não tentar introduzir a visão de mundo quântica na mistura? Quando incluímos elementos da economia sutil — produtos como energia vital e significado mental, ou até valores espirituais como felicidade —, o ciclo de expansão e retração desaparece. Esqueça o fato de esses produtos sutis não poderem ser produzidos maciçamente neste momento, e saiba que, com o tempo, com algum esforço e muita criatividade, isso será possível.

Se trouxermos o significado mental, a energia vital e os valores espirituais – até a felicidade – para as nossas economias, concebendo-os como *commodities* que podem ser compradas e vendidas, é possível eliminar boa parte do problema da sustentabilidade, pois essas dimensões de nossa experiência são infinitas. O mercado pode se expandir para sempre. Não há limite para o amor que você pode produzir ou para o amor que você pode consumir. Com efeito, quando se consome amor em quantidade não é preciso lidar com a ausência de amor – você não precisa ir ao shopping gastar em bens materiais para preencher o vazio de sua vida. Você pode reduzir suas necessidades materiais. E podemos chegar à sustentabilidade.

Naturalmente, cada um tem suas necessidades, e grupos diferentes de pessoas também terão características e necessidades distintas. Países como o Japão e os Estados Unidos têm culturas diferentes, e empresas como a Sony e a Panasonic também têm características diferentes. Embora as corporações tendam a formar sua própria cultura interna, pois a corporação em si é formada por indivíduos que cresceram na cultura maior, não é possível evitar influências culturais externas. Mas, à medida que as corporações se revelam mais e mais multinacionais, essas diferenças vão se tornando secundárias. Grandes corporações multinacionais pertencem basicamente à mesma cultura corporativa. Não importa se a Pepsi-Cola é presidida por alguém da Índia ou da França; não importa se o CEO é homem ou mulher. Não faz diferença, pois os gestores de empresas multinacionais precisam abrir mão de suas inclinações individuais, sejam culturais, sejam de gênero.

Isso é fruto, creio, do materialismo científico, que homogeniza pessoas e culturas. O próprio materialismo libera o poder dos circuitos cerebrais, por assim dizer, porque ele gera a crença de que tudo que somos ou podemos ser é aquilo que já somos. A totalidade do nosso caráter já se encontra em nosso cérebro; não é uma coisa que podemos desenvolver com intuições e criatividade. O materialismo científico não tem lugar para intuições e criatividade. Você é o que você é. Não pode mudar. Tudo o que você pode fazer é continuar a gerar permutações e combinações daquilo que você já é.

Se as corporações multinacionais se mantiverem como uma constante no cenário dos negócios – e a pressão pela globalização certamente sugere que isso vai acontecer –, então nosso desafio como ativistas quânticos será alinhar essas corporações com a visão de mundo quântica. Não é algo impossível. Afinal, certa vez o empresário e político Mitt Romney disse que as corporações são pessoas. Bem, se isso for verdade, as corporações precisam se humanizar. E isso significa que precisam se adaptar à visão de mundo quântica.

O estado atual da cultura corporativa foi bem representado numa tirinha de *Dilbert*:

> Dilbert diz a seu gerente: "Estou preocupado porque minhas metas pessoais não estão alinhadas com a nossa estratégia corporativa. Por exemplo, eu gostaria de ser feliz".
> E então ele pergunta a seu gerente: "O que a empresa quer?".
> "Bem, nada dentro dessa linha", responde o gerente.

Não é isso o que realmente acontece hoje na maioria das empresas?

O pesquisador de gestão Richard Barrett, em seu livro *Libertando a alma da empresa* (1998), encontrou muito progresso na forma como certas companhias estão tentando alinhar seus valores corporativos com a estrutura de valores pessoais de seus funcionários. Além disso, descobriu que isso está melhorando a produtividade e os lucros.

Certos aspectos da nova economia quântica sugerem ainda que o futuro irá adotar mais o tipo de economia proposta por Gandhi e Schumacher – o negócio é ser pequeno. Alguns aspectos da economia numa visão de mundo quântica sugerem que pode haver um movimento rumo a uma economia na qual unidades menores funcionarão melhor, porque serão mais orientadas para as pessoas. E, com efeito, a economia quântica propõe o desenvolvimento do capital humano como seu foco principal. As próprias pessoas têm valor de investimento porque podem desenvolver seus próprios dons e talentos para satisfazer a necessidade de energia vital, de significado mental e de valores supramentais das outras pessoas. Essa é uma ideia cuja hora já chegou, pois a robotização da tecnologia tem tirado mais e mais empregos do mercado de trabalho humano.

## Política quântica

Comecei este livro fazendo comentários sobre polarização política. Obviamente, a integração de visões de mundo que a visão de mundo quântica possibilita também vai remover a polarização da política. Mas esse não é o único problema que enfrentamos no mundo político. Os políticos de hoje são elitistas. Sabotam a democracia em lugar de propagá-la e de torná-la mais acessível. Numa democracia, a tarefa do político é usar sua influência para empoderar as pessoas, levando mais e mais cidadãos a participarem do processo político. Hoje, porém, os políticos estão mais interessados em usar seu poder para dominar as pessoas e perpetuar o elitismo. A democracia está cedendo lugar rapidamente à oligarquia – o governo exercido por uma pequena classe dominante.

Que parâmetros oferece a visão de mundo quântica para os líderes políticos? Os liberais precisam tomar a iniciativa quanto a isso. Em geral, o problema de uma democracia que encolhe em virtude do elitismo ilimitado surgiu porque os liberais assumiram uma visão de mundo definida pelo materialismo científico. Qualquer ser pensante que não seja um cientista deve ficar espantado ao constatar que o comportamento humano, inclusive o comportamento político, pode ser compreendido por meio de leis materiais. Entretanto, quase todos os líderes políticos liberais de hoje foram educados em instituições universitárias que se renderam ao materialismo científico. As artes e as humanidades, não só a espiritualidade, têm ordem e regularidade, mas essa regularidade não obedece a leis como as da ciência. Elas interpretam enredos que representamos com aquilo a que chamamos *mythos* – mitologia.

Um desses enredos míticos chama-se "jornada do herói". No primeiro estágio da jornada, o herói se dispõe a descobrir a verdade ou a encontrar a sabedoria, inclusive a sabedoria política sobre o que fazer com o poder numa democracia. No segundo estágio, o herói, após enfrentar muitos obstáculos e tribulações, descobre a sabedoria. No terceiro e último estágio, o herói retorna triunfante, pronto para usar sua sabedoria para empoderar as pessoas.

Noutra história mitológica, o mito do Santo Graal, há alguma coisa errada no reino. No começo, nosso herói percebe isso, mas não fala nada por causa de seu condicionamento sociocultural. Só depois de muito esforço (a jornada do herói) o herói reúne coragem para perguntar: O que está errado aqui? E o reino é curado.

Claro, há líderes políticos que falam constantemente dos erros do elitismo e pedem o retorno do poder político e do bem-estar econômico para as pessoas. Mas nunca dizem exatamente como esses problemas devem ser enfrentados, mantendo-se sempre dentro das orientações partidárias. Nos Estados Unidos, os democratas querem um governo grande para resolver o problema do elitismo; os republicanos querem fazer isso reduzindo impostos – ironicamente, os tributos que incidem sobre a elite rica, em especial. Os dois remédios acabam promovendo o elitismo. Obviamente, os políticos atuais são hábeis promotores de falsas soluções; a verdade é que não veem nada de errado no elitismo, pois eles mesmos são membros da elite.

O desafio consiste em trazer de volta esses enredos mitológicos para o nosso mundo político em sua verdadeira essência – não como falsas promessas, mas como fatos. Contudo, nossos líderes estão confusos porque sua visão de mundo é incompleta; assim, o melhor que podem fazer são promessas. Como resultado, a cada quatro anos temos um ritual no qual os líderes prometem efetuar "mudanças reais"; naturalmente, quase nada muda. Só a visão de mundo quântica pode reintroduzir o mito da jornada do herói em nossa política.

## Educação quântica

Para implementar essa visão, teremos de promover verdadeiras mudanças na educação superior. Você pergunta: Isso não vai levar pelo menos duas gerações? Não se os princípios quânticos estiverem em voga. Na visão de mundo quântica, o mundo não é gerido totalmente por leis. E nem pode ser. Na ciência quântica, dentro da primazia da consciência, a matéria é apenas o hardware. Usamos a matéria para criar o software da consciência na forma do *self*, mas também para criar o software de nossas experiências sutis na forma de memória cerebral, de órgãos físicos e suas modificações. Com efeito, o hardware material segue leis físicas. Mas, tal como ocorre com os computadores, o hardware não pode nos dizer nada sobre o comportamento do software.

Na consciência, usamos o software de nossas experiências sutis para mapear nossos enredos mentais e processá-los conscientemente. Esses enredos têm ordem. Se não tivessem, não teríamos como estudar artes ou humanidades. A ordem vem de parâmetros dados pelos arquétipos supramentais. Nossa mitologia é a história do movimento desses parâmetros.

Será que os futuros líderes políticos vão estar afinados com a visão de mundo quântica? Creio que sim. Os humanistas – e quem pode negar que ainda existe uma influência humanista sobre o liberalismo? – concordam que a mitologia é tão importante quanto a lei na conformação dos dramas humanos, inclusive os dramas políticos. Como escreveu William Irwin Thomson não muito tempo atrás: "A mitologia é a história da alma [nosso corpo supramental]". Logo, a política precisa trazer de volta o humanismo e a mitologia. E a visão de mundo quântica e a economia quântica podem viabilizar isso.

A visão de mundo quântica vai mudar radicalmente a educação. Hoje, nossos sistemas educacionais deixaram de proporcionar aquilo que antes chamávamos de educação liberal. Com efeito, até o significado da palavra "liberal" corrompeu-se sob o materialismo científico. Agora significa "defensora da ciência baseada no materialismo científico". Originalmente, a educação liberal se traduzia em uma educação que nos libertava de dogmas. E isso significa apoiar a ciência contra o dogma religioso. Mas hoje a ciência convencional abraçou o materialismo científico, que também é um dogma – materialismo que exclui espiritualidade, em oposição a espiritualidade que exclui matéria.

Precisamos de integração para equilibrar o material e o espiritual, e a visão de mundo quântica nos proporciona essa perspectiva integrativa. E precisamos levar essa visão de mundo para a educação. Temos de libertar a educação secular do materialismo científico, tal como fizemos há quatrocentos anos, quando libertamos a educação da religião. Naturalmente, ainda resta a tarefa de libertar a educação espiritual da religião. As religiões, até as orientais, têm preconceito contra o mundo material. Mas a visão de mundo quântica exige tanto a espiritualidade quanto a materialidade, e precisamos nos esforçar para levar o espírito de integração não só para os nossos sistemas educacionais, mas para a sociedade como um todo.

A maioria das pessoas ainda considera pouco confiáveis as coisas espirituais – uma forma de escapismo, ou algo sobrenatural. Essa sempre foi uma barreira à espiritualização da sociedade. Mas a visão de mundo quântica nos diz que as coisas materiais também são uma forma de escapismo. Quando você questiona a confiabilidade da consciência e seu papel no mundo, percebe que todas as realidades materiais são apenas possibilidades. É a interação com a consciência que dá à matéria a concretude que experimentamos na forma de sensações. Quando experimentamos a mente, experimentamos significado. Quando experimentamos a matéria, experimentamos apenas suas qualidades materiais. Precisamos dessa experiência material densa porque nos valemos do concreto para diferenciar o sutil.

Isso não torna o sutil superior, nem torna a matéria superior. Precisamos de ambas – mente e matéria.

Considere um produto material denso muito interessante como a maconha. Você traga a maconha. Ela entra nas células do seu cérebro. Essa é uma interação química. Porém, a menos que haja um sujeito experimentando o resultado dessa interação cérebro-maconha, não haverá valor nela. Os sentimentos gerados pelo preenchimento dos receptores dos opiáceos pelas moléculas de maconha constituem a experiência que dá valor a essa substância. O relaxamento obtido depende totalmente de você estar presente ou não para se sentir relaxado. Um robô nunca vai precisar de maconha.

Há evidências que sugerem que até a geração do milênio está se cansando do processamento de informações e está se voltando ao significado e aos valores humanos. Temos de torcer para que um dia esse modo de vida quântico acabe se integrando à sociedade como um todo. Creio que esse é o poder da visão de mundo quântica.

Numa conferência recente sobre cura energética num centro espiritual do Vale da Pirâmide, em Bangalore, apresentei uma palestra dentro dessas linhas e ela foi bem recebida. Mais tarde, fui convidado para uma sessão privada com o mestre espiritual do lugar, Brahmarshi Patri. Comecei a falar com franqueza, expondo minha frustração com a atual política de visões de mundo concorrentes, mostrando como o público ocidental tinha ficado cego por causa de sua cultura. Demonstrei que 40% das pessoas ainda veem a ciência como sinônimo de materialismo científico porque, historicamente, essa filosofia deu muito poder ao Ocidente sobre o resto do mundo. Outros 40% apegam-se à ideia de Deus como um superser – o Rei dos Reis, um poder individual, não uma força cósmica. "Presa entre essas duas visões de mundo restritivas", reclamei, "a mente ocidental se recusa a abraçar a visão de mundo quântica porque, para ela, é difícil confiar numa visão que parece ser excessivamente oriental."

Brahmarshi ouviu-me com atenção. Então ele me surpreendeu com esta sugestão: "Por que você não funda uma universidade que ensine tudo – ciências da natureza que incluam saúde, ciências sociais que incluam negócios, artes e humanidades, e uma espiritualidade baseada na visão de mundo quântica, integrando ciência e valores. Isso poderia se tornar uma universidade de transformação espiritual".

Agindo com base nesse *insight* do mestre hindu, eu e cerca de outras trinta pessoas – americanos, europeus e indianos de visão espiritual – temos nos dedicado a criar exatamente isso. Estamos desenvolvendo uma instituição de pós-graduação voltada à transformação espiritual, que oferece certificação de mestrado e doutorado. Nosso empreendimento chama-se The Quantum Vishwalayam e fica baseado em Jaipur, na Índia (www.quantumactivism.org).

No Brasil, fundamos a Quantum Academy, uma escola de transformação totalmente baseada na visão de mundo quântica (www.quantumacademy.com.br)

## Ativismo quântico

A ideia central do ativismo quântico não é a defesa de um dogma, mas aprender a nos *livrarmos* do dogma. Os ativistas quânticos precisam aprender a ser indivíduos criativos – literalmente, aquelas pessoas originais que antes chamávamos de gênios. A visão de mundo quântica nos mostra que todos têm o potencial para ser gênios, e por isso o movimento não depende de nenhum indivíduo em particular. O próprio sistema produz muitas dessas pessoas "individuadas" – indivíduos criativos.

Alguns conquistam essa individuação – essa originalização (olhe só, inventei uma palavra!) – bem depressa. Mas e aqueles que não têm interesse pelo ativismo quântico, ou por nenhum tipo de ativismo? O que dizer das pessoas que estão preocupadas com a sobrevivência, pura e simplesmente? Lembra-se da fábula do centésimo macaco? Talvez a mudança quântica chegue dessa maneira. Quando atingirmos um limiar, toda a sociedade irá mudar, tornando-se uma sociedade quântica.

A ideia de um limiar de mudança baseia-se na teoria lamarckiana da evolução – a herança de características adquiridas. Dados evolutivos relativos a instintos apoiam essa concepção, segundo Sheldrake. Baseei-me nessa ideia quando teorizei sobre a maneira como instintos animais de sentimentos puros tornam-se emoções negativas em nosso cérebro. Ou na forma como o inconsciente coletivo de Jung foi criado. Mas a teoria depende crucialmente da não localidade quântica, de pessoas vivendo numa sociedade que ativou a conexão não local entre seus membros. Nessas sociedades, a não localidade não é apenas uma potencialidade. Era o caso em sociedades da mente vital na era da agricultura de pequena escala; e é o caso em sociedades tribais até hoje. Mas, com o advento da mente racional, tornamo-nos dissociados uns dos outros; não temos conexão não local. Tenho sugerido a internet como solução, mas vamos encarar os fatos. É muito forçado achar que podemos criar uma sociedade tribal por meio da mente racional.

Existe uma alternativa? Creio que a economia quântica nos oferece outro modo de estimular mudanças individuais que podem se infiltrar gradualmente por toda a sociedade. A economia quântica baseia-se na produção e no consumo de energias sutis. Se você consome energias vitais positivas, como a energia do amor, em pouco tempo se interessará em se tornar um produtor. E assim você começa o processo de transformação. É claro que isso dá a impressão de ser – e provavelmente é – um processo bem lento. À vista de nossos atuais problemas críticos, será que não é melhor nos apressarmos?

Bem, sim. Mas a ideia do limiar é muito antiga. Existia no budismo muito antes de ser desenvolvida por Lamarck ou Sheldrake. Infelizmente, é uma ideia elitista. Baseia-se em líderes e seguidores. E não é assim que o mundo quântico funciona. A visão de mundo quântica se opõe a todas as formas de elitismo. Logo, por mais que a promessa do centésimo macaco nos atraia, ela pode ir de encontro à corrente do movimento da consciência, o qual, creio, funciona estritamente segundo a visão de mundo quântica.

## Rede de Indra

Veja o conceito de rede de Indra. Indra é o deus governante do céu segundo a mitologia hindu, e a rede de Indra é uma teia interconectada de relacionamentos. Estamos retomando esse tipo de conceito para descrever a realidade hoje. A física quântica nos deu o conceito de domínio da potencialidade, do qual advém o domínio da aparência, da manifestação. E esse domínio da potencialidade é uma consciência interconectada, como a rede de Indra. Como ela se manifesta em nossa experiência?

É disso que trata este livro. Como podemos gradativamente nos aprofundar, e fazer que nossa sociedade se aprofunde, em relação às experiências que nos absorvem e que dão significado e satisfação à nossa vida? Muitos de nós se perdem pelo caminho. Muitos dizem que sofremos demais. Muitos veem problemas. Mas o que precisamos enxergar é que sempre existe o potencial para resolver o problema.

Como podemos chegar à potencialidade? Como nos tornamos criativos? Como obtemos acesso ao domínio não local da potencialidade que chamamos de consciência? Como evoluímos para disponibilizar isso para toda a humanidade? Como mudamos nossos negócios? Como podemos mudar nossa economia? Como mudamos a estrutura de poder e o elitismo na política? Como mudamos nossos sistemas de saúde e de cura? Como mudamos nosso sistema educacional? Acima de tudo, como podemos mudar a nós mesmos? Espero, caro leitor, que a análise dessas questões e das respostas proporcionadas pela visão de mundo quântica tenha ajudado você a amar, a se dedicar ao significado e aos valores, a pesquisar, a investigar e a explorar.

# glossário

**aikido:** disciplina marcial japonesa que usa gestos e movimentos dos braços e das mãos para levar energia desde o chakra básico até o chakra coronário.

**alopatia:** modelo "mecânico" da medicina surgido do materialismo científico e baseado na premissa de que toda doença é resultado de causas e efeitos físicos.

**amor quântico:** quando usamos os princípios quânticos para explorar o arquétipo do amor.

**arquétipo:** objeto da experiência interior que proporciona um contexto para pensamentos e sentimentos intuitivos e criativos, nossos pensamentos mais elevados e nossos sentimentos mais nobres. Tem origem platônica; os arquétipos junguianos denotam representações dos arquétipos platônicos que se tornaram parte de nosso inconsciente coletivo.

**aura:** corpo elétrico biofísico, diferente do corpo bioquímico do qual os órgãos fazem parte.

**autopoiese:** autocriação da vida postulada por Humberto Maturana; numa célula viva, a hierarquia entrelaçada do DNA e das proteínas gera um elo autoformado que suporta a vida.

**ayurveda:** sistema de medicina com raízes históricas no subcontinente indiano; um tipo de medicina complementar ou alternativa baseado na cura do corpo vital e em sua conexão com o físico.

**campos morfogenéticos:** matrizes de criação da forma e da função dos órgãos do corpo físico que desempenham as funções vitais no espaço e no tempo.

**causação ascendente:** conceito da visão de mundo newtoniana segundo o qual uma causa material sobe desde partículas elementares até formas mais e mais complexas da matéria.

**causação descendente:** causação pela escolha consciente a partir da potencialidade em experiência manifestada, recebendo esse nome porque emana de uma consciência superior, transcendente ao ego; causação por trás do colapso e do poder por trás do evento de colapso.

**causalidade circular:** hierarquia entrelaçada que ocorre num sistema autocriado.

**chakras:** sete centros de energia vital, cada qual localizado perto de um ou mais órgãos importantes; estão associados ao funcionamento biológico dos órgãos e aos sentimentos experimentados por meio da energia vital do movimento de campos morfogenéticos ligados a esses órgãos.

**chi kung:** disciplina marcial chinesa que usa gestos e movimentos com braços e mãos para mover a energia vital; uma variação do tai chi.

**colapso:** transformação de uma onda de possibilidades em uma partícula manifestada.

**consciência coletiva:** conjunto de crenças, ideias e atitudes morais compartilhadas que atua como uma força unificadora na sociedade.

**consciência quântica:** a base de toda a existência e a fonte da causação descendente; consciência que se divide num sujeito (que experimenta) e num objeto (que é experimentado); um processo cooperativo objetivo e não local.

**corpo sublime:** consciência indivisa; consciência que é uma com suas possibilidades, sem separação, sem experiência. No sono profundo, estamos no corpo sublime.

**corpo sutil:** conglomerado de corpos não físicos pertencente a nossas experiências internas, reunindo o corpo vital, o corpo mental e o corpo supramental ou arquetípico.

**corpo vital:** mundo sutil e separado que contém as matrizes da forma e da função de órgãos que realizam nossas funções vitais fundamentais.

**cossurgimento dependente:** conceito budista de cossurgimento do sujeito e do objeto desde o imanifestado até a manifestação, no qual o sujeito não cria o objeto nem o objeto cria o sujeito; eles são cocriados. Similar ao colapso quântico do potencial inconsciente na percepção-consciente sujeito-objeto.

**criatividade fundamental:** tipo de salto quântico no qual seguimos nossas intuições até a essência de um arquétipo, fazemos nossa própria representação mental de nosso *insight* no arquétipo e, por fim, desenvolvemo-la num produto que os outros podem apreciar.

**criatividade situacional:** processo mental no qual interpretamos criativamente arquétipos das experiências alheias, e depois recebemos um *insight* secundário sobre o arquétipo no contexto dado por essa experiência "emprestada".

**descontinuidade:** exemplos dela são experiências criativas que nos pegam de surpresa; momentos "ahá".

**Deus:** na visão de mundo quântica, o agente causal da consciência quântica.

**dharma:** agenda específica de aprendizado para uma vida; o propósito dessa encarnação.

**DNA:** uma das duas moléculas essenciais numa célula viva; a outra é a proteína. O DNA é necessário para a produção de proteína; a proteína é necessária para a produção de DNA.

**doença psicossomática:** erros no processamento de significados que podem resultar em sérias doenças físicas.

**domínio da potencialidade:** domínio das ondas quânticas de possibilidade, dos objetos quânticos em sua forma original, diferente do domínio espaço-tempo, em que a comunicação é sem sinal, não local e instantânea. Não confundir com o domínio do potencial, que tem outros significados.

**dualidade onda-partícula:** rótulo criado para mascarar o paradoxo de que os objetos quânticos parecem ser tanto ondas quanto partículas.

**dualismo:** ideia de que qualquer coisa não material deve existir como um objeto separado.

**economia quântica:** uso do sutil, inclusive energia vital, significado, valores espirituais e felicidade, como *commodities* na economia e nos negócios.

**efeito do observador:** princípio segundo o qual a onda de possibilidade de um dado objeto ou evento só se manifesta quando um observador o experimenta.

**ego, consciência-ego:** consciência que resulta do condicionamento.

**energia vital:** movimento quântico das matrizes do corpo vital, os campos morfogenéticos; chamada de *prana* na Índia, *chi* na China, *ki* no Japão ou simplesmente de força vital no Ocidente.

**escolha retardada, colapso retardado:** evento no qual você se lembra de toda a cadeia de eventos escolhidos pela consciência e que entraram em colapso como pré-requisito para o evento atual, recuando no tempo até a potencialidade que deu início à cadeia causal.

**espaço e tempo:** oposto do domínio da potencialidade; nele a comunicação requer sinais locais que se movem por uma localidade; domínio dos objetos manifestados; o domínio das partículas.

**fixidez:** estado de movimento quântico mínimo que nos permite fazer representações de nossas experiências sutis usando a matéria.

**flecha do tempo:** aparente direção do tempo, do passado para o futuro.

**hierarquia entrelaçada:** hierarquia de causalidade circular entre níveis, em que os dois níveis estão entrelaçados causalmente. A causa B e B causa A, *ad infinitum*.

**involução:** limitações impostas às potencialidades da consciência.

**karma:** crença de que a soma das ações desta vida determina existências futuras; do ponto de vista da ciência quântica, o karma é o condicionamento da memória não local de vidas passadas.

**kundalini:** palavra sânscrita que significa "energia enrolada"; o novo movimento da energia vital ou da força vital ativada no despertar da kundalini.

**kundalini, despertar da:** despertar pessoal no qual o prana (energia vital) se move do chakra mais baixo para o mais elevado; em termos quânticos, novos sentimentos nesses chakras permanecem na potencialidade até a ocorrência repentina de um salto quântico de despertar.

**lei da entropia:** segunda lei da termodinâmica; afirma que, em cada transação, a energia se degrada.

**lei de conservação da energia:** primeira lei da termodinâmica; afirma que a energia do mundo físico se mantém sempre a mesma.

**lei do zero absoluto:** terceira lei da termodinâmica; afirma que a entropia de um sistema se acerca do mínimo à medida que a temperatura se aproxima do zero absoluto; noutras palavras, é impossível atingir um estado em que o movimento térmico dá lugar à imobilidade total.

**memória quântica:** memória que reside fora do tempo e do espaço, não no cérebro; memória não local.

**mensuração quântica:** mensuração que converte uma onda quântica de possibilidade numa partícula; mensuração que exige tanto o aparato de percepção quanto o aparato de memória do cérebro.

**modernismo:** visão de mundo dualista na qual mente e matéria são coisas separadas.

**moksha:** estado final da consciência no qual você tem a opção de se afastar totalmente do ciclo nascimento-morte-renascimento.

**mônada:** expressão da teosofia que significa a entidade que sobrevive à morte física de um ser humano.

**mônada quântica:** local dinâmico e contínuo da memória não local sobrevivente de uma cadeia contínua de encarnações individuais; local dinâmico e contínuo da memória quântica que sobrevive à morte de encarnações individuais.

**não localidade:** comunicação sem sinal que ocorre com a mediação da consciência, o domínio da potencialidade.

**nirvikalpa samadhi:** samadhi sem separação.

**objetividade fraca:** experiências subjetivas que são verificadas num grande número de sujeitos.

**objeto:** construto material de nossa experiência exterior; em contraponto, os arquétipos são objetos das experiências interiores que chamamos de intuição.

**onda de possibilidade:** objeto quântico polifacetado a partir do qual facetas individuais podem ser manifestadas por meio da mensuração quântica.

**paradoxo da mensuração quântica:** elo causal circular gerado pela ideia de que a existência do cérebro do observador requer colapso, enquanto o colapso requer o cérebro do observador.

**partícula:** objeto unifacetado manifestado a partir de uma onda de possibilidade.

**prakriti:** conceito hindu do reino da potencialidade dos objetos.

**pranayama:** prática que se vale do controle da respiração para levar o ar para cima, até o chakra do terceiro olho, e depois para baixo, até o chakra do plexo solar, usando inspiração profunda.

**princípio antrópico:** princípio que afirma que o mundo está destinado a se mover na direção do estabelecimento da consciência incorporada e manifestada.

**princípio da complementaridade:** princípio desenvolvido como parte da Interpretação de Copenhague, que resolve o paradoxo onda-partícula alegando que os objetos quânticos são tanto ondas como partículas, cujos aspectos só podem ser revelados em experimentos de mensuração discreta; os dois aspectos nunca surgem no mesmo experimento e por isso são complementares.

**proteína:** uma de duas moléculas essenciais para a célula viva; a outra é o DNA. O DNA é necessário para a produção de proteína; a proteína é necessária para a produção de DNA.

**purusha:** conceito hindu do reino da potencialidade do sujeito-consciência.

**quantum:** quantidade discreta e irredutível usada inicialmente com essa conotação pelo físico Max Planck para denotar a ideia de que a troca de energia entre corpos só pode ocorrer em termos de unidades discretas.

**reducionismo:** interpretação da maneira como o mundo está estruturado, na qual o micro forma o macro e o macro é, portanto, redutível ao micro.

**reino sutil:** aquilo que experimentamos internamente, em oposição à matéria, que experimentamos externamente. A matéria é densa, fixa e semipermanente; o reino sutil está sempre mudando.

**salto quântico:** transição descontínua; quando um elétron salta de uma órbita atômica para outra sem passar pelo espaço interveniente, temos um salto quântico. Numa experiência criativa, quando saltamos do conhecido até o desconhecido sem passar pelas etapas intermediárias do pensamento.

**salto quântico criativo:** mudança descontínua em nossa compreensão do significado.

**samadhi:** experiência na qual o *self* é efetivamente o todo, sem uma natureza individual de *self* envolvida; os japoneses chamam-na *satori*.

**satori:** experiência na qual o *self* é o todo, na verdade, sem uma natureza individual de *self* envolvida; os hindus chamam-na de *samadhi*.

***self* quântico:** *self* ou sujeito associado a uma experiência imediata, como a experiência intuitiva; *self* incondicionado, em oposição ao *self* ego condicionado.

**sentimentos:** movimentos do corpo vital; a energia que experimentamos por meio dos sentimentos é a energia vital.

**shunyata:** estado de consciência que transcende tanto ao sujeito quanto ao objeto, no qual a potencialidade é reconhecida como "estado de nada".

**sincronicidade:** quando dois eventos — um no mundo físico e outro no mundo mental — estão correlacionados por meio do significado que surge na mente.

**Siva (Shiva):** uma das três divindades principais do hinduísmo, chamado "O Auspicioso".

**sonhos lúcidos:** sonhos nos quais estamos cientes de que sonhamos, e por isso conseguimos ter certo grau de controle sobre eles.

**sono criativo:** sono no qual abrimos mão do controle do ego e podemos processar novas possibilidades, das quais surgem experiências criativas.

**supramental:** outro nome para o mundo dos arquétipos, sugerindo que estes proporcionam contexto para o significado mental e que, portanto, estão situados além da mente.

**tai chi:** disciplina marcial chinesa que usa gestos e movimentos dos braços e das mãos para mover a energia vital.

**transmodernismo:** modernismo baseado na integração da visão de mundo quântica com o modernismo.

**vigília lúcida:** estado de consciência que pode ocorrer na transição entre o sono e a vigília.

# leituras complementares

AUROBINDO, S. *The life divine.* Pondicherry, India: Sri Aurobindo Ashram, 1996.

BARRETT, R. *Libertando a alma da empresa.* São Paulo: Cultrix, 2000.

BRIGGS, J. *Fire in the crucible.* Los Angeles, CA: Tarcher/Penguine, 1990.

CAPRA, F. *O tao da física.* 28. ed. São Paulo: Cultrix, 2011.

CHASSE, B. VICENTE, M. ARNTZ, W. *Quem somos nós?* São Paulo: PlayArte. 2004. DVD.

CHOPRA, D. *A cura quântica.* 44. ed. Rio de Janeiro: Best Seller, 2008.

_____. *Saúde perfeita.* Rio de Janeiro: Viva Livros, 2011.

CLARKE, A. C. *O fim da infância.* 2. ed. São Paulo: Aleph, 2010.

DOSSEY, L. *Meaning and medicine.* New York: Bantam, 1991.

GOSWAMI, A. *O ativista quântico.* São Paulo: Aleph, 2010. Minilivro + DVD.

_____. *O ativista quântico.* 2. ed. São Paulo: Goya, 2015.

_____. *Criatividade para o século 21.* 2. ed. São Paulo: Goya, 2015.

_____. *Deus não está morto*. 2. ed. São Paulo: Goya, 2015.

_____. *Economia da consciência*. São Paulo: Goya, 2015.

_____. *Evolução criativa*. 2. ed. São Paulo: Goya, 2016.

_____. *A física da alma*. 3. ed. São Paulo: Goya, 2016.

_____. *A janela visionária*: um guia para a iluminação por um físico quântico. São Paulo: Cultrix, 2003.

_____. *O médico quântico*. São Paulo: Cultrix, 2006.

_____. *Science within consciousness:* a monograph. Petaluma, CA: Institute of Noetic Sciences, 1994.

_____. *O universo autoconsciente*. 3. ed. São Paulo: Goya, 2015.

HERR, E. *Consciousness*: bridging the gap between conventional science and the super science of quantum mechanics. Faber, VA: Rainbow Ridge Books, 2012.

MCTAGGART, L. *O experimento da intenção*. Rio de Janeiro: Rocco, 2010.

PENROSE, R. *A mente nova do rei*. Rio de Janeiro: Campus, 1995.

PERT, C. *Molecules of emotion*. New York: Scribner, 1997.

RADIN, D. *The noetic universe*. London: Transworld Publishers, 2009.

SEARLE, J. *A redescoberta da mente*. São Paulo: Martins Fontes, 2006.

SHELDRAKE, R. *Uma nova ciência da vida*. São Paulo: Cultrix, 2014.

STANDISH, L. J.; KOZAK, L.; JOHNSON, L. C.; RICHARDS, T. Electroencephalographic evidence of correlated event-related signals between the brains of spatially and sensory isolated human subjects. *The Journal of Alternative and Complementary Medicine*, v. 10, n. 2, p. 307-314, 2004.

TEILHARD DE CHARDIN, P. *O fenômeno humano*. São Paulo: Cultrix, 1988.

| | |
|---:|:---|
| TIPOLOGIA: | Walbaum MT [texto] |
| | Ocean Sans [entretítulos] |
| PAPEL: | Pólen Soft 80 g/m² [miolo] |
| | Cartão Supremo 250 g/m² [capa] |
| IMPRESSÃO: | Rettec Artes Gráficas e Editora [maio de 2021] |
| 1ª EDIÇÃO: | outubro de 2018 [6 reimpressões] |